I0794029

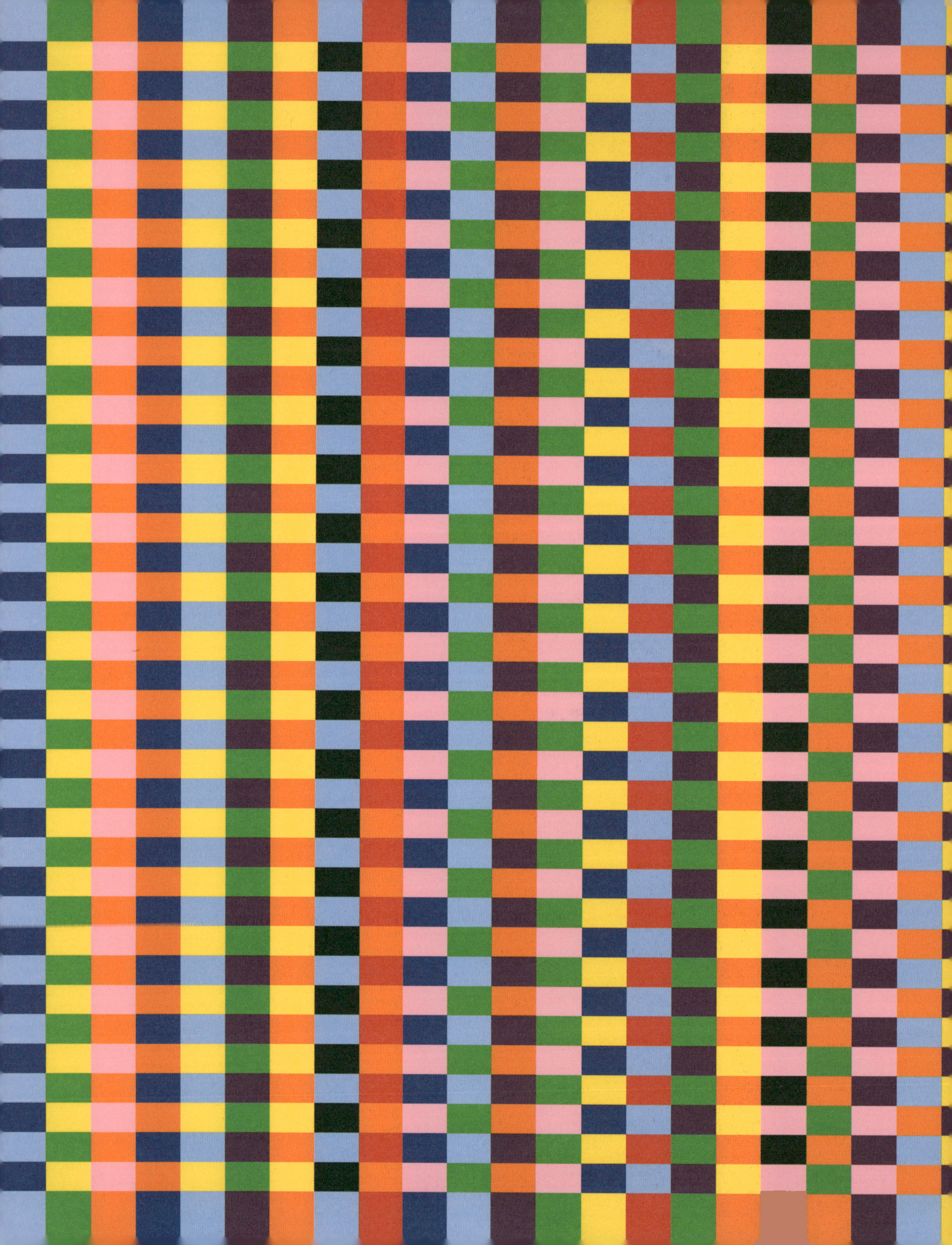

A STEVE HELLER, AMIGO Y MENTOR, QUE ME DIO UNA PRIMERA OPORTUNIDAD EN CASI TODO.

NOTA DE SEGURIDAD

Las recetas de este libro están diseñadas para niños, pero requieren la supervisión de un adulto en todo momento. Aunque hemos intentado identificar todos los peligros, no asumimos ninguna responsabilidad en lo que respecta a la preparación y cocción de estos platos, ni por las posibles reacciones adversas que los niños puedan tener a los ingredientes o las elaboraciones. Depende de los padres y de los tutores elegir las recetas y los ingredientes apropiados y garantizar su seguridad.

NOTAS SOBRE LAS RECETAS

A no ser que se indique otra cosa:

- La mantequilla siempre es sin sal.
- Todas las especias están recién molidas.
- Los huevos siempre son de corral y de tamaño mediano.
- Las frutas y verduras, como las zanahorias y las manzanas, son de tamaño mediano y están peladas.
- Las hierbas siempre son frescas.
- La leche siempre es entera.
- La nata siempre es montada.
- La pimienta siempre es pimienta negra recién molida.
- Las migas de pan siempre son secas.

Los tiempos de cocción son orientativos, pudiendo variar en función del horno. Si utilizas un horno de convección, sigue las indicaciones del fabricante.

Cuando no se especifiquen cantidades, es el caso del aceite y el azúcar utilizados para terminar un plato, puedes añadir la cantidad que te parezca.

El queso parmesano se puede reemplazar por otro queso similar. Para las opciones vegetarianas, se ha propuesto parmesano vegano, ya que algunos quesos de tipo parmesano contienen cuajo animal.

Phaidon Press Limited
2 Cooperage Yard
Londres E15 2QR

Phaidon Press Inc.
65 Bleecker Street
Nueva York, NY 10012

phaidon.com

Primera edición en español 2023
© 2023 Phaidon Press Limited
Texto e ilustraciones
© 2023 Steven Guarnaccia

Obras creadas con tinta y acabadas digitalmente.

ISBN 978 1 83866 728 3
004-0723

Reservados todos los derechos. Prohibida la reproducción en todo o en parte por cualquier medio mecánico, informático, fotográfico o electrónico, así como cualquier clase de copia, registro o trasmisión por Internet sin la previa autorización escrita de Phaidon Press Limited.

Impreso en China

Directora editorial: Maya Gartner
Editora de proyecto: Alice-May Bermingha
Producción: Rebecca Price
Diseño: Meagan Bennett
Fotografías: Simon Bajada
Recetas: Heather Thomas

Responsable de la edición española:
Baptiste Roque-Genest, con la colaboración de Clara Soupart
Traducción del inglés: Ángeles Llamazares y Elena Aranaz para Cillero & de Motta

LA HISTORIA DE LA PASTA ¡Y CÓMO COCINARLA!

STEVEN GUARNACCIA

Φ

CONTENIDO

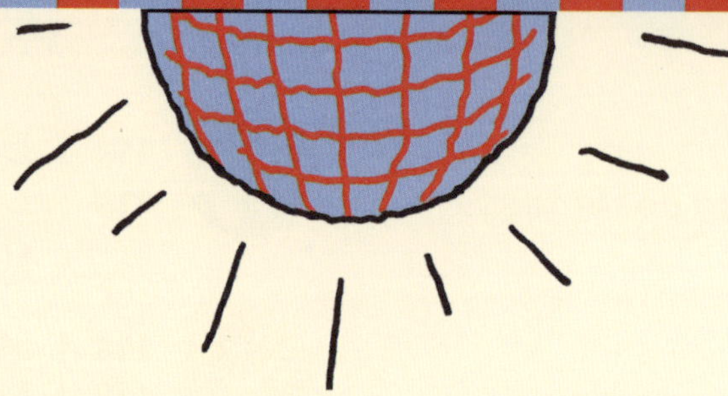

¡BIENVENIDO AL MUNDO DE LA PASTA!

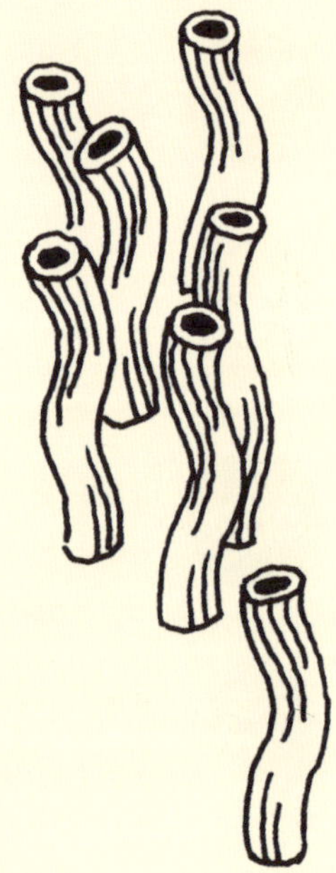

Si tuviera que comer lo mismo todos los días, el resto de mi vida, elegiría pasta. ¿Por qué? Porque hay tantos tipos que si me aburriera de uno, elegiría otro y así podría ir cambiando sin repetir ninguno... ¡durante casi un año! Cada tipo de pasta tiene su propio nombre (o más de uno) e historia (como tu superhéroe favorito). ¿Quieres saber CÓMO preparar un buen plato de pasta?

Si te encanta la pasta, ¡este libro es para ti! Y, si nunca la has probado, ¡también! Aquí aprenderás todo sobre los distintos tipos de pasta y sobre sus divertidos orígenes y encontrarás un montón de recetas para que pruebes todas las formas de prepararla. ¡Incluso te enseñaremos a hacer tu propia pasta!

¿De dónde viene la pasta?

Nadie sabe con certeza de dónde procede la pasta ni cómo llegó a Italia. Algunos creen que el explorador Marco Polo, que viajó a China en el siglo XII, llevó a Italia la elaboración de los fideos que los chinos llevaban siglos haciendo. Otros piensan que la pasta llegó a Italia de otra forma: hay pruebas de que ya existía en el siglo IV a. C.

Sea cual sea su origen, la pasta se convirtió en uno de los alimentos preferidos de los italianos, a lo que contribuyó el hecho de que este país es un lugar perfecto para cultivar los ingredientes necesarios para prepararla (por si no lo sabías, es uno de los mayores productores agrícolas de Europa). A medida que la pasta iba ganando seguidores, se fueron creando más tipos.

La máquina de pasta Torchio se inventó en Italia en el siglo XVII. Hasta entonces, solo se hacía a mano. Este modelo utilizaba moldes de bronce para hacer láminas de pasta de diferente grosor, desde los fideos a los macarrones. Cuando el presidente estadounidense Thomas Jefferson vio una versión posterior en Italia, se quedó tan impresionado que se llevó una a casa, lo que hizo famosos todos los tipos de pasta que existen en la actualidad.

¡Una apuesta segura!

¡La cocina italiana triunfa en todo el mundo! A los italianos les gusta cocinar y en casa y, como tienen tantos ingredientes frescos y sencillos, casi cualquier persona es capaz

de preparar una comida deliciosa, sin importar su edad o dotes culinarias.

La gastronomía italiana se puede degustar en el Reino Unido, Francia, Bélgica y Alemania, en parte porque los italianos emigraron a estos países en el siglo XX y se llevaron sus recetarios con ellos.

Se calcula que cada año se consumen en el mundo 14 000 millones de platos de pasta; de estos, la carbonara es una de las recetas más famosas del planeta. La pasta también gusta porque es muy fácil de preparar.

Descubre en este libro un montón de tipos de pasta y de recetas increíbles que podrás preparar tú mismo.

¿QUÉ ES LA PASTA?

La pasta es uno de los alimentos más consumidos en todo el mundo. Y si por pasta nos referimos a los fideos, en general, se comen de una manera u otra en casi todo el planeta. Existen muchas discusiones sobre qué es pasta y qué no lo es. Algunos dicen que cualquier tipo de fideo debería considerarse pasta; otros defienden que la pasta solo es pasta cuando se hace con trigo duro y agua.

¿De qué está hecha la pasta?

¡Ve a por papel y boli! Que el papel sea MUY GRANDE. Vamos a hacer una lista de TODOS los ingredientes que lleva la pasta. ¿Preparado? ¡Vamos!

¡Ya está! Si no has llenado toda la hoja, haz la letra ¡MÁS GRANDE! Mejor, ¿no?

Cómo comer como un italiano

Fuera de Italia, todo el mundo come la pasta como quiere: con cuchara, con tenedor, con palillos o incluso con las manos. Pero, en Italia, ¡hay reglas! Presta atención, así se comen los espaguetis:

1 Mete el tenedor en el plato.

2 Gíralo despacio, haciendo que los espaguetis se enrollen en él, como si recogieras el hilo de una cometa, así:

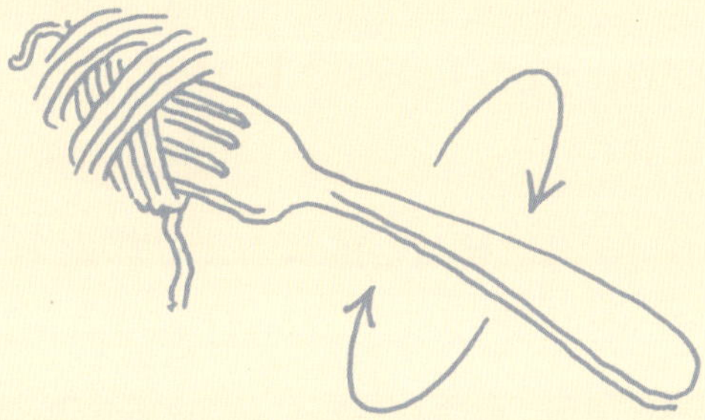

3 Cuando tengas el tenedor lleno de espaguetis, llévatelo a la boca. ¡No los sorbas como una aspiradora! ¡Muérdelos por el extremo y cómetelos!

Está permitido rebañar el plato con pan. En italiano se dice *fare la scarpetta* (*scarpetta* significa «zapatilla»), pero yo te recomiendo que mejor lo hagas solo con pan, las zapatillas podrían darle sabor a pies.

No está permitido añadir parmesano a los platos de pescado, aunque si te gusta esta mezcla, ¡toda tuya!

Mientras esperas a que hierva el agua de la pasta, junta los dedos de la mano, besa las puntas y exclama, como un italiano: *Molto bello!* («¡Muy bonito!»).

Términos de cocina

Amasar
Trabajar una masa con las manos, estirándola, doblándola y empujándola con la palma de la mano (mejor no lo intentes con los pies).

Cocinar a fuego lento
Cocer hasta que se formen pequeñas burbujas, sin que estallen. (Podríamos decir que es la hermana pequeña de «hervir».)

Gratinar
Cocinar un alimento bajo el fuego, normalmente en un horno (aunque puedes intentarlo sobre una piedra caliente), hasta que se dore (¡sin que se queme!) y tenga un sabor increíble.

Hervir
Cocer en agua muy caliente (¡cuidado, que quema!), con abundantes burbujas.

Hornear
Cocinar en un horno caliente y seco (si está frío y húmedo quedará blando y aguachinado).

Reposar
Esperar un tiempo para que se reabsorba el líquido y se enfríe un poco (o lo que haces para RECARGAR las pilas).

Saltear
Cocinar un alimento con poca grasa a fuego vivo hasta que se dore y te mueras de ganas de comértelo.

LA DESPENSA ITALIANA

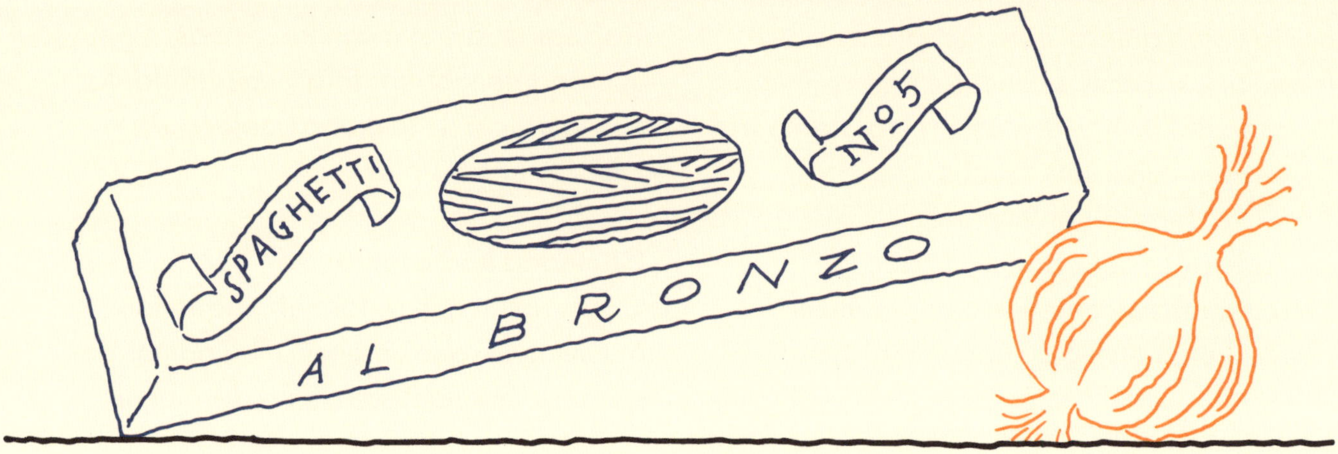

¡Lo mejor de la pasta es que combina con (casi) todo!
¿Cómo te gusta a ti?

¿Con salsa de tomate (marinera)?

¿Con salsa de carne (boloñesa)?

¿Con albóndigas (*polpette*)?

¿Mantequilla y queso (*burro e formaggio*)?

Independientemente de cómo la prefieras, estos son algunos de los ingredientes que no pueden faltar en una despensa italiana que se precie:

Y quizá también:

¡PREPÁRATE PARA COCINAR!

¡Cocinar es muy divertido! Podrás preparar lo que más te gusta, como más te gusta y siempre que quieras. Descubrirás ingredientes nuevos y sorprendentes de muchos países (Italia, Vietnam, Nigeria o Ecuador, por ejemplo) o momentos (un *brunch* a media mañana, un postre, unos entrantes...). Podrás también utilizar utensilios especialmente diseñados para cocinar, como cuchillos, ralladores, cazuelas o escurridores.

¡En este libro te enseñaremos todo eso!

La cocina italiana es maravillosa por dos motivos fundamentales: la frescura de sus ingredientes y la sencillez de sus recetas.

Pero hay algunas reglas básicas a la hora de prepararla que debes conocer (y que te servirán siempre que vayas a cocinar). La limpieza es esencial: lávate siempre las manos y sécatelas. Además, recógete el pelo para no encontrarte «sorpresas» desagradables en el plato. Y ten cuidado: no lleves anillos o pendientes, ¡se te podrían caer y acabar puestos en los *ditalini*!

Recuerda también estos consejos:

- Lee la receta completa antes de empezar.
- Ponte un delantal para no mancharte.
- Cuando cortes ingredientes, recuerda colocar los dedos de forma segura.
- Muchas recetas pueden hacerse vegetarianas si sustituyes la carne por vegetales y empleas quesos veganos.
- Algunas recetas llevan vino. Al calentarlo, se evaporará la mayor parte del alcohol. Cuanto más tiempo hierva y más caliente esté, más se evaporará. Si prefieres no usar, encontrarás alternativas en las recetas correspondientes.
- Limpia los utensilios y las superficies de trabajo sobre la marcha, para no tener la cocina hecha un desastre cuando termines.
- Utiliza siempre guantes de cocina cuando manipules objetos calientes y pide ayuda a un adulto.
- Y lo más importante: ¡diviértete!

¿Qué utensilios utilizan los chefs italianos?

¿Lo tienes claro? ¡Genial! ¡Ya estás listo para cocinar como un italiano!

CÓMO HACER PASTA

DIFÍCIL	4-6 PERSONAS	PREPARACIÓN: 25-30 MIN	REPOSO: 30-45 MIN

Esta es la receta básica de la pasta casera. Con ella podrás preparar tus propios raviolis (ver pág. 152) o *caramelle* (ver pág. 144). Aunque su grado de dificultad es alto, hacer la masa es muy divertido y te resultará más fácil con la práctica.

400 g de harina 00, y un poco más para espolvorear
1 pizca de sal
4 huevos grandes, ligeramente batidos con un tenedor o unas varillas

NOTA

- Para hacerla vegana, prepara la masa de la pasta sin huevo. Para ello, mezcla la harina, la sal y el agua de la misma manera. Utiliza 200 ml de agua y añade 2 cucharadas de aceite de oliva. Bate la mezcla. La textura será un poco más gruesa, pero seguirá estando riquísima.

O PRUEBA ASÍ

- Si no tienes harina 00, utiliza harina común. Al tener menos proteínas y gluten, no quedará tan elástica y fina.
- Si la pasta está seca, puedes añadir un poco de agua o aceite de oliva, a cucharaditas.

1 En un bol, mezcla bien la harina con la sal. Con una cuchara, forma un volcán y haz un hueco en el centro, empujando la mayor parte de la harina hacia los lados. Vierte los huevos batidos en el centro.

2 Incorpora la harina con una cuchara y mezcla hasta obtener una masa fina.

3 Coloca la bola de masa sobre una encimera ligeramente enharinada o una tabla de madera. Para amasarla, tienes que empujarla y estirarla: con la base de la palma de una mano, empuja la masa, alejándola de ti. Con la otra mano, dóblala y tira de ella hacia ti. Repite esta secuencia de movimientos hasta que consigas hacerlo de manera fácil y rítmica. Amásala 10 minutos o hasta obtener una masa fina, firme y elástica.

4 Corta la bola de masa en 4 porciones iguales y envuelve cada una en film transparente. Déjalas reposar 30-45 minutos.

5 Desenvuelve una de las porciones de masa y estírala utilizando una máquina de pasta (comprueba los tamaños de ajuste) hasta que la masa tenga 3 mm de grosor. Si lo prefieres, puedes hacerlo a mano: coloca la masa sobre la encimera o la tabla que hayas utilizado para amasar. Con un rodillo grande, extiéndela lo más fino posible hasta formar un rectángulo grande, de menos de 3 mm de grosor. Si levantas la masa, deberías poder ver la mano a través de ella. Repite la operación con las porciones de masa restantes.

6 La pasta ya está lista para cortarla como prefieras.

1

2

3

4

5

6

LAZOS

LA HISTORIA DE

LOS LAZOS

Los cazadores de *farfalle* madrugan, a veces se despiertan incluso antes del amanecer. Es el momento ideal para encontrar los mejores lacitos de pasta, posados sobre los tallos de las flores para disfrutar del rocío.

Farfalle deriva del italiano *farfalla,* que significa «mariposa», y por eso tienen esa forma, pero esta pasta también recibe otros nombres. En la ciudad italiana de Módena, se llaman *strichetti,* que significa, en dialecto, «pellizcado» y en inglés a veces se conocen como *bow ties,* «pajaritas». Pellizcadas por el centro, estas delicadas alas en forma de zigzag atrapan y retienen la salsa en sus pliegues y bordes dentados.

Los lazos son una de las formas de pasta más antiguas que se conocen. Se hicieron por primera vez en el siglo XVI en las regiones de Lombardía y Emilia-Romagna, en el norte de Italia, donde siguen siendo muy populares. Algunos cuentan que las amas de casa, que eran las que solían preparar la pasta, un buen día empezaron a hacer *farfalle* con los restos de masa que les sobraban al elaborar *cappelletti* rellenos o «gorritos». ¡Gustaron tanto que empezaron a preparar masa extra para hacer muchos más!

Aunque todavía se pueden elaborar a mano, se suelen hacer a máquina. Pequeñas láminas de masa, rectangulares u ovaladas, se recortan por ambos extremos con una cuchilla especial que frunce los bordes y después se pellizcan por el centro.

Además de los *farfalle* estándar, están los *farfalline,* más pequeños, y los *farfallone,* más grandes. (En italiano, puedes añadir *-ino* a la mayoría de los sustantivos para expresar «más pequeño» y *-one* para «más grande».)

Las mariposas o lazos de pasta son perfectos para los días de verano. Con un poquito de suerte, ¡podrás incluso ver mariposas de verdad disfrutando del rocío de las flores!

ENSALADA DE LAZOS FRÍA

FÁCIL	4 PERSONAS	PREPARACIÓN: 20 MIN	COCCIÓN: 10-15 MIN

Una ensalada de pasta es una comida o cena fría excelente para un caluroso día de verano. Cocina estos lazos para que queden tiernos pero firmes, es decir, *al dente*, como dicen en Italia.

ALIÑO DE LIMÓN

5 cucharadas de aceite de oliva afrutado
el zumo de 1 limón pequeño
1 cucharadita de vinagre de vino tinto
1 cucharadita de mostaza de Dijon
1 diente de ajo machacado
1 pizca de copos de guindilla
1 pizca de azúcar
sal y pimienta

ENSALADA DE PASTA

200 g de lazos
1 cucharada de aceite de oliva
8 lonchas finas de jamón serrano
12 tomates cherry o pera cortados por la mitad
4 cebolletas en rodajas
400 g de garbanzos lavados y escurridos
50 g de hojas de espinacas tiernas
100 g de guisantes frescos desvainados o congelados (ver consejo)
100 g de queso feta o queso de cabra blando desmenuzado
1 puñado de menta picada
1 puñado de perejil picado
1 puñado pequeño de hojas de albahaca

O PRUEBA ASÍ

- Para una versión vegetariana, elimina el jamón serrano. ¡Sigue estando deliciosa!

1 Para preparar el aliño de limón, bate en un bol el aceite de oliva con el zumo de limón, el vinagre de vino tinto y la mostaza hasta obtener una mezcla homogénea. Añade el ajo y los copos de guindilla y bate de nuevo. Agrega el azúcar y salpimienta al gusto. Si lo prefieres, pon todos los ingredientes en un tarro con tapa de rosca, ciérralo y agítalo hasta que se mezcle bien.

2 Para preparar la ensalada de pasta, lleva a ebullición una cazuela con agua salada. Añade los lazos y cuécelos según las instrucciones del paquete. Cuando estén *al dente* (cocidos pero firmes), coloca un escurridor en el fregadero y vierte la pasta para escurrirla. Lávala con agua fría y escúrrela de nuevo (ver consejo). Déjala enfriar.

3 Mezcla la pasta con el aceite de oliva lo suficiente para que no se pegue. Pásala a una ensaladera y déjala reposar a temperatura ambiente 10 minutos o hasta que se enfríe.

4 Mientras, calienta a fuego medio una sartén hasta que esté bien caliente. Coloca las lonchas de jamón serrano y fríelas 1-2 minutos hasta que estén doradas y crujientes; vigílalas para que no se peguen ni se quemen. Retíralas de inmediato y déjalas escurrir sobre papel de cocina. Quizá tengas que freírlas por tandas.

5 Añade a la pasta los tomates, las cebolletas, los garbanzos, las espinacas, los guisantes, el queso feta o de cabra y las hierbas y vierte por encima el aliño de limón. Remueve bien. Desmenuza las lonchas de jamón crujiente por encima, en trozos del tamaño de un bocado, y sirve la ensalada de inmediato.

CONSEJO

Lava de inmediato la pasta escurrida con agua fría para detener la cocción y evitar que quede blanda y pastosa.

RIGATONI

LA HISTORIA DE

LOS RIGATONI

Muchas cosas tienen rayas: los pasos de peatones, las banderas, los bastones de caramelo, las cebras... Pero ¿la pasta?

Riga significa «línea» o «raya» en italiano y *rigare* «rayar o trazar una línea o raya». Así que *rigatoni* quiere decir «pasta grande con rayas» (recuerda que -*oni* es «grande»).

Las rayas de esta pasta están hechas con una máquina. Las pastas rayadas no existieron hasta que las máquinas empezaron a hacerlas en las fábricas, y es que en casa es imposible hacerlas bien. Las rayas retienen mejor la salsa de la pasta, por lo que los *rigatoni* son muy indicados para las salsas de carne. También se los llama *scorzasellari*, que significa «piel de apio». Supongo que el creador de los *rigatoni* pensó que esta pasta se parecía a un tallo de apio.

Los *rigatoni* son típicos del sur de Italia. Existe un plato romano hecho con *rigatoni* e intestinos. Otro plato tradicional con *rigatoni* es la pasta *alla zozzona*. *Zozzona* significa «sucio», ¡pero este plato no tiene nada de sucio! En dialecto romano, *zozzona* también significa «algo repleto de muchas cosas, difícil de describir». Los romanos dicen de la pasta *alla zozzona* (¿se nota mucho que me gusta escribir *zozzona*, con todas esas zetas?): «Cuanto más tienes, más pones». En este caso, ¿a qué se refiere ese «muchas cosas»? ¡Salchicha, *guanciale* (parecido a la panceta), yemas de huevo, tomates y queso pecorino romano!

Otro plato interesante de *rigatoni*, esta vez de Sicilia, es el *taganu*, que se prepara el Sábado Santo y se come el Lunes de Pascua. Los *rigatoni*, el queso, las albóndigas y los huevos se cuecen en una olla de barro tapada. Después, ¡se rompe la olla para que los ingredientes mantengan la forma!

Así que si te gustan las cosas a rayas, la próxima vez que vayas al zoo, ve a visitar a las cebras y diles «hola» de parte de los *rigatoni*. Puede que te contesten *ciao* («hola», o «adiós», en italiano).

RIGATONI CON SALCHICHAS

FÁCIL	4 PERSONAS	PREPARACIÓN: 10 MIN	COCCIÓN: 25-30 MIN

Ganarás el Premio al Mejor Cocinero de la Semana con este delicioso plato de diario, muy sencillo de hacer y tan rico como el que más. Puedes utilizar tus salchichas de carne o vegetarianas favoritas.

2 cucharadas de aceite de oliva
1 cebolla roja picada
2 dientes de ajo machacados
1 cucharada de semillas de hinojo machacadas
6 salchichas de cerdo
800 g de tomate triturado en conserva
1 cucharada de pasta de tomate o de tomates secados al sol
1 pizca de azúcar
120 ml de caldo de ternera o pollo
400 g de rigatoni
unas ramitas de perejil o albahaca picadas
sal y pimienta
queso parmesano (parmigiano reggiano) rallado, para servir

NOTA

- Para una versión vegetariana, utiliza caldo vegetal, salchichas vegetales y queso vegano.

O PRUEBA ASÍ

- En vez de rigatoni, utiliza cualquier otra pasta en forma de tubo.
- Añade copos de guindilla si quieres que la salsa pique.

1 Calienta a fuego medio-bajo el aceite en una sartén. Echa la cebolla y el ajo y sofríelos, removiendo de vez en cuando con una cuchara de madera, 6-8 minutos hasta que estén tiernos. Agrega las semillas de hinojo y sofríelas 2 minutos.

2 Mientras, con un cuchillo afilado, haz un corte a lo largo de cada salchicha, retira la piel y deséchala.

3 Añade las salchichas a la sartén y remueve bien, presionándolas para deshacerlas mientras remueves. Fríelas durante 5 minutos, removiendo de vez en cuando, hasta que empiecen a dorarse.

4 Agrega el tomate triturado, la pasta de tomate, el azúcar y el caldo. Cuece a fuego lento 12-15 minutos hasta que la salsa se reduzca y espese.

5 Mientras, lleva a ebullición una cazuela con agua salada. Echa los *rigatoni* y cuécelos según las instrucciones del paquete. Coloca un escurridor en el fregadero y vierte la pasta para escurrirla.

6 Salpimienta la salsa al gusto. Añade la pasta y remueve bien con la cuchara.

7 Agrega el perejil o la albahaca y reparte la pasta en 4 platos o boles. Esparce el parmesano rallado por encima y sírvela.

CONSEJO

Añade una pizca de azúcar a la salsa para resaltar el dulzor de los tomates.

RUOTE

LA HISTORIA DE

LOS RUOTE

¿Cuál es la pasta más difícil de comer? ¡Los *ruote*! ¡Porque es la más difícil de pillar! Estas ruedas de pasta pueden ir cuesta abajo mucho más rápido de lo que te imaginas.

En Italia, la pasta puede ser larga o corta, hacerse al horno o cocerse, rellenarse o no... También podría clasificarse en función de si se parece a algo o si solo se parece a sí misma. Los *ruote* —como los lazos (ver pág. 16) y las conchas (ver pág. 108), por ejemplo— son de las que se parecen a algo. Y ese algo, en este caso, es una rueda. *Ruote*, como probablemente ya habrás deducido a estas alturas, significa «rueda».

Se inventaron a principios del siglo XX, más o menos en la misma época en que se popularizaron los automóviles en Italia. Una rueda puede parecer una forma extraña para la pasta, pero los italianos se toman muy en serio sus ruedas o, más exactamente, los coches que llevan esas ruedas. La pasta *radiatori* (ver pág. 84) se inventó casi al mismo tiempo y hay quien dice que se inspiró en los radiadores de los coches.

Los *ruote* no existirían sin las máquinas industriales de pasta, que hicieron posible formas imposibles de crear a mano. Por cierto, Thomas Jefferson, el tercer presidente de Estados Unidos, parece que dibujó los planos de la primera versión de una máquina para hacer pasta (y de muchos otros artilugios también, como la rueda de cifrado y el sillón giratorio). Por lo tanto, fue en parte responsable de la introducción de la pasta en su país (ver más sobre esto en la pág. 7).

Con cuatro *ruote*, un *radiatore* y unas cuantas láminas de lasaña (ver pág. 148), ¡podrías hacer un coche solo de pasta! Añade unas conchas (ver pág. 108) como faros y unas plumas (ver pág. 28) como tubos de escape... ¡y ya tienes un flamante deportivo listo para la *autostrada*!

ENSALADA DE RUOTE CON ATÚN Y MAÍZ

FÁCIL	4 PERSONAS	PREPARACIÓN: 15 MIN	COCCIÓN: 10-15 MIN

Esta ensalada tan colorida es rápida y fácil de preparar. Sírvela para comer o para cenar con unas verduras a la plancha o guárdala en un recipiente hermético en el frigorífico toda la noche y llévatela al cole al día siguiente para disfrutar de un delicioso almuerzo.

ENSALADA DE RUOTE
300 g de ruote
200 g de guisantes congelados
185 g de atún en agua de manantial escurrido
8 tomates cherry en cuartos
½ pepino en dados
250 g de granos de maíz en conserva escurridos (o congelados y descongelados)
unas ramitas de perejil picado (opcional)

ALIÑO DE YOGUR
50 g de mayonesa
50 g de yogur griego
1 cucharadita de mostaza de Dijon
1 chorrito de zumo de limón
sal y pimienta

NOTA
- Para una versión vegetariana, utiliza alubias rojas en vez de atún.

O PRUEBA ASÍ
- Utiliza cualquier tipo de pasta de tamaño mediano, como penne (ver pág. 28), conchas (ver pág. 108), espirales (ver pág. 36) o lazos (ver pág. 16).

1 Para preparar la ensalada de *ruote*, lleva a ebullición una cazuela con agua salada. Echa los *ruote* y cuécelos según las instrucciones del paquete.

2 Coloca un escurridor en el fregadero y vierte la pasta para escurrirla. Lávala con agua fría y escúrrela de nuevo (ver consejo). Déjala enfriar.

3 Mientras, lleva a ebullición otra cazuela con agua. Añade los guisantes y cuécelos 2-3 minutos hasta que estén hechos. Coloca el escurridor en el fregadero y vierte los guisantes para escurrirlos. Déjalos enfriar.

4 Para preparar el aliño de yogur, mezcla todos los ingredientes en un bol y remueve bien con una cuchara. Salpimienta al gusto.

5 Pon los *ruote* y los guisantes en un bol. Trocea el atún y añádelo junto con los tomates, el pepino, el maíz y el perejil, si utilizas. Vierte el aliño y remueve bien con una cuchara.

CONSEJO
Lava de inmediato la pasta escurrida con agua fría para detener la cocción y evitar que quede blanda y pastosa.

PLUMAS

LA HISTORIA DE

LAS PLUMAS

Las primeras plumas estilográficas de la historia eran plumas de ave que se cortaban en ángulo y se mojaban en tinta para escribir y dibujar. Las plumas de pasta (*penne*, en italiano) se cortan en diagonal para imitar, precisamente, la característica forma puntiaguda de las plumas.

Las plumas pueden ser lisas o rayadas (*rigati*, en italiano). ¡Cualquiera diría que las rayas (*righe*) se han dibujado con una pluma! Su función es retener la salsa; el corte en diagonal, por su parte, permite que el tubo se llene de salsa. Igual que la punta de una pluma retiene la tinta (para que la tengas que mojar menos veces), la forma de las plumas hace que no tengas que mojar la pasta en la salsa tan a menudo. (Por supuesto, si repites, ¡seguro que las volverás a mojar otra vez! ¡O varias!)

Al principio, las plumas se cortaban a mano con la ayuda de unas tijeras, pero era un proceso muy lento y la mayoría de las veces terminaban chafadas. Por eso no tuvieron éxito hasta que se inventó una máquina para cortarlas.

¿Listo para innovar? ¿Qué te parece sumergir una, así tal cual, sin cocer, en tinta de calamar (o incluso en tinta normal y corriente, ¡pero no te la comas!) y utilizarla para hacer un dibujo o escribir tu nombre? De hecho, en el siglo XIX estaba de moda escribir y dibujar con tinta de sepia (un molusco parecido al calamar, pero más pequeño). Si alguna vez has oído a alguien hablar de fotos de color sepia, se refiere al color rojizo claro de las fotos antiguas. ¡Ese color se obtenía, originalmente, de la tinta de la sepia!

PLUMAS A LA ARRABIATA

FÁCIL	4 PERSONAS	PREPARACIÓN: 5 MIN	COCCIÓN: 20 MIN

Si te gusta la comida picante, te encantarán estas plumas. Por supuesto, pueden picar tanto como quieras. ¡Tú mandas! Esta receta es genial, ya que con muy pocos ingredientes podrás sorprender a todos tus invitados.

4 cucharadas de aceite de oliva
2 dientes de ajo machacados
1 guindilla seca (como pepperoncini) desmenuzada o 1 pizca de copos de guindilla
800 g de tomate entero en conserva
400 g de plumas rayadas
1 puñado de perejil picado
queso parmesano (parmigiano reggiano) o pecorino romano rallado, para servir (opcional)
sal y pimienta

O PRUEBA ASÍ

- Puedes utilizar tomates frescos pelados y troceados cuando estén en temporada. Para pelarlos, pínchalos con un cuchillo pequeño afilado y colócalos en un bol. Pon agua a calentar en un hervidor, viértela por encima y déjalos 2-3 minutos hasta que la piel se empiece a desprender. Retíralos con una espumadera y pélalos.

1 Calienta a fuego lento el aceite de oliva en una sartén con tapa. Echa el ajo y sofríelo 2-3 minutos, removiendo con una cuchara de madera para que no se dore. Ten cuidado de que no se queme o tendrá un sabor amargo.

2 Añade la guindilla seca o los copos de guindilla y sofríelo 1 minuto (ver consejo). Agrega los tomates, presionándolos con una cuchara de madera para aplastarlos y romperlos. Salpimienta y tapa la sartén. Cuécelos a fuego lento 10 minutos (ver consejo).

3 Retira la tapa y sube el fuego a medio-alto. Cuece la salsa 5 minutos más hasta que se reduzca y espese.

4 Mientras, lleva a ebullición una cazuela con agua salada. Echa las plumas y cuécelas según las instrucciones del paquete. Coloca un escurridor en el fregadero y escurre la pasta.

5 Echa las plumas en la salsa de tomate y remueve bien con la cuchara de madera hasta que estén bien cubiertas. Esparce el perejil.

6 Reparte la pasta en 4 boles. Sírvela de inmediato con el queso rallado, si utilizas.

CONSEJO

Ten cuidado con la guindilla, porque, una vez que la añadas, no podrás retirarla, así que empieza echando solo un poco. Puedes probar la salsa después de que haya cocido los 10 minutos y, si crees que necesita más picante, añade un poco más. Agrega una pizca de azúcar para intensificar el dulzor de los tomates.

LETRAS

LA HISTORIA DE

LA PASTA DE LETRAS

Cuando el profe os dice «¡vamos a aprender el alfabeto!», todo el mundo suspira menos tú, porque tienes pasta de letras en el táper. ¡Seguro que así será mucho más divertido!

Como ocurre con muchos tipos de pasta, existen distintas versiones sobre su origen. Dicen que, en una fábrica de fideos, un fideo salió accidentalmente con la forma de la letra «C». Al encargado le encantó y se le ocurrió la idea de crear todo un alfabeto de fideos. Nadie sabe realmente si esta historia es cierta o no.

Lo que sí sabemos con seguridad es que los *alfabeti*, como se llaman en Italia, se diseñaron para los niños, posiblemente para ayudarlos a aprender a leer. De hecho, existen muchas pastas diminutas para sopa pensadas para los niños. Son las llamadas *pastine*, como los *stelline* («estrellitas», ver pág. 96), los *cuoricini* («corazoncitos»), los *campanelline* («campanitas») y los *puntine* («puntitos» o «maravilla»), por ejemplo.

Sabemos que en 1877 se vendían trocitos de macarrones estampados con las letras del alfabeto en París y que en los restaurantes se servían sopas con pasta de letras. A principios del siglo XX, esta pasta se extendió por toda Europa con nombres como *alphabet*, *alphaghetti* y espaguetis *alphabetti*.

Pero los niños no eran los únicos que se divertían con estas letras de pasta. En 1922 un escritor dijo que los fabricantes de sopa de letras tenían un truco para diferenciar una coma de un acento que flotaban en la sopa. ¡Y algunos sugerían que los espías enviaban mensajes secretos a través de las sopas de letras!

En todo caso, no hay duda de que la pasta de letras es una ocasión de oro para aprender… comiendo.

MINESTRONE DE LETRAS CHUPADA

FÁCIL	4 PERSONAS	PREPARACIÓN: 15 MIN	COCCIÓN: 45 MIN

¡Prepara esta sopa y siempre tendrás el abecedario a mano para cuando lo necesites! ¿Te apetece formar nombres con las letras que flotan en la sopa? ¡Adelante!

3 cucharadas de aceite de oliva
1 cebolla grande picada fina
2 zanahorias en dados
2 tallos de apio en dados
2 dientes de ajo machacados
2 patatas peladas y en dados
2 calabacines en dados
4 tomates maduros pelados y picados
1 cucharadita de pasta de tomate
1 pizca generosa de orégano seco
1,2 litros de caldo vegetal caliente
400 g de alubias blancas o cannellini lavadas y escurridas
100 g de pasta de letras
200 g de hojas de espinacas tiernas o espinacas picadas
1 puñado de perejil picado
30 g de queso parmesano (parmigiano reggiano) rallado
sal y pimienta

NOTA

- Para una versión vegana, utiliza un queso curado vegano.

O PRUEBA ASÍ

- Sustituye el parmesano por otro queso curado rallado, como cheddar o emmental.
- En vez de pasta de letras, puedes utilizar cualquier pasta para sopa pequeña, como estrellitas (ver pág. 96) o fideos finos.

1. Calienta a fuego medio-bajo el aceite en una sartén. Echa la cebolla, las zanahorias, el apio y el ajo y sofríelos 10 minutos hasta que estén blandos pero no dorados.
2. Añade las patatas y el calabacín y sofríelo todo otros 5 minutos.
3. Agrega los tomates, la pasta de tomate y el orégano. Vierte el caldo, sube el fuego y llévalo a ebullición.
4. Baja el fuego y añade las alubias. Cuécelo a fuego lento 15 minutos hasta que las verduras estén hechas.
5. Agrega la pasta de letras y prosigue con la cocción a fuego lento 5 minutos.
6. Echa las espinacas y el perejil y cuece todo otros 5 minutos más. En este momento, la pasta debe estar *al dente* (cocida pero firme). Salpimienta al gusto.
7. Vierte la sopa en un plato hondo y esparce el parmesano rallado por encima. Sírvela de inmediato.

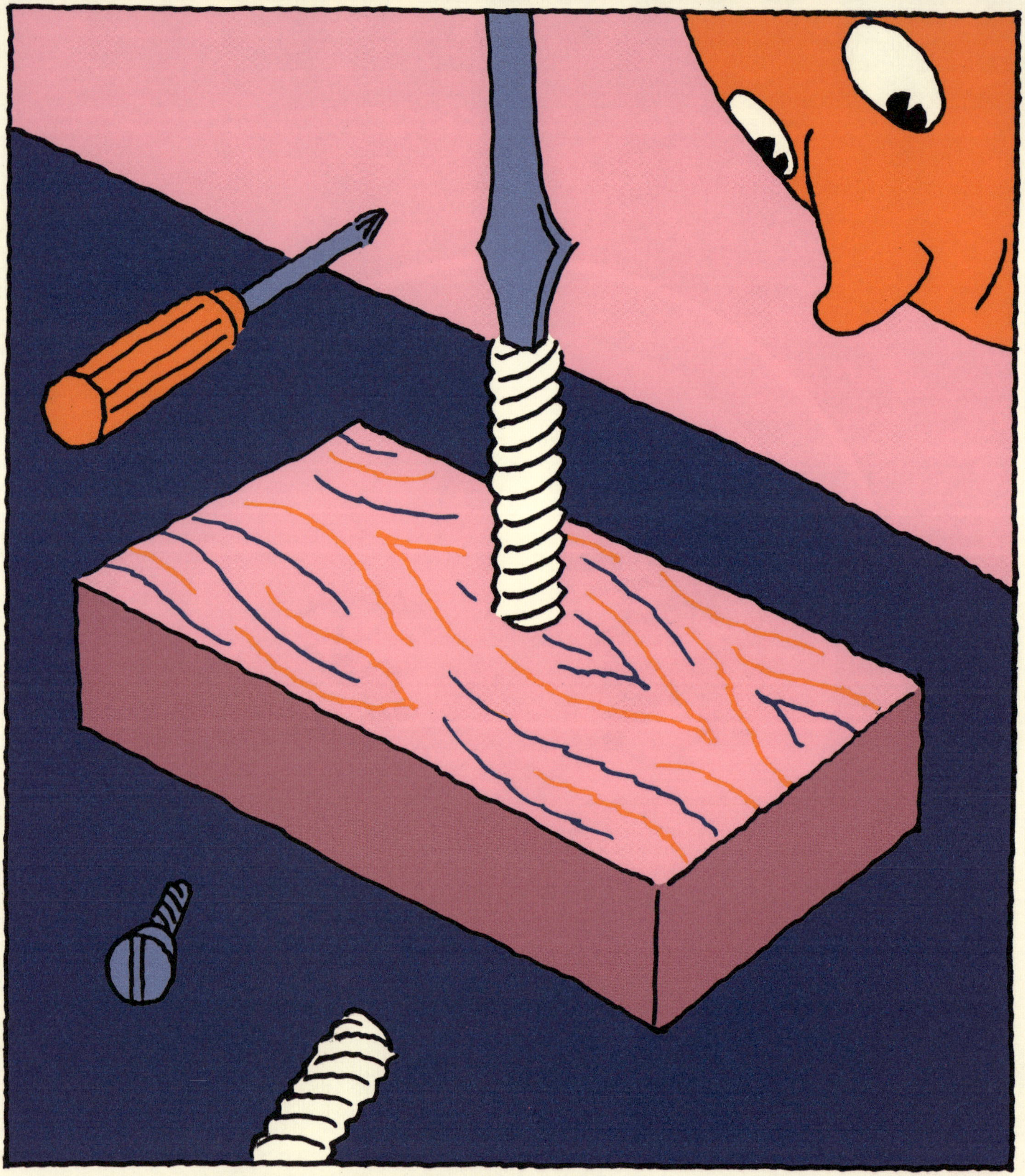

ESPIRALES

LA HISTORIA DE

LAS ESPIRALES

¿Cuál es la mejor pasta para unir varios tipos de pasta? Los *fettuccini* («cintas») son perfectos, sobre todo si no tienes espaguetis (por eso *spaghetti* significa «cuerda»). Pero si lo que quieres es añadir *pappardelle* a la lasaña y que no se suelten, debes utilizar espirales, porque tienen forma de tornillo. Gíralas un par de veces en las láminas de pasta para atornillarlas... ¡y listo!

Las espirales o hélices (*fusilli*, en italiano) son típicas del sur de Italia y Cerdeña. Se elaboraban antiguamente enrollando un espagueti alrededor de una aguja de tejer (parecido a como se enrolla un hilo alrededor de un huso). A veces también se utilizaba el bastón de un paraguas viejo para enrollarlas. ¿Sabes que significa *fuso* en italiano? ¡Adivínalo! ¿Aguja de tejer? ¡No! ¿Bastón de paraguas? ¡No! ¿Espaguetis? ¡Tampoco! ¿Huso? ¡Bingo! (A la cuarta... va la vencida.) Si combinas *fuso* con *-illi* (que significa «pequeño») obtendrás *fusilli*, es decir, «husos pequeños». Los *fusilli* también reciben otros nombres, como *code di topo* («cola de ratón», ¡uf! ¡delicioso!) o *eliche* («hélices»).

En el sur de Italia, las espirales caseras se suelen comer los domingos o los días de fiesta con una salsa de carne. Y en la región meridional de Basilicata, el sexo de un bebé se adivina echando una espiral en agua hirviendo. Si se mantiene vertical, será niño; si se tumba, será niña.

¿Cómo sabes si tus *fusilli* son *fusilli* y no *rotini*? Algunos dicen que lo que en Italia se conoce como *fusilli*, en Estados Unidos se llama *rotini*. Otros afirman que los *rotini* están más enrollados. Si algún día tienes la oportunidad de medir la distancia entre las vueltas de la pasta, cuéntame lo que descubres. ¡Eso sí! ¡No dejes que se te enfríe la pasta por buscar una regla!

ESPIRALES CON ATÚN AL HORNO

FÁCIL	4 PERSONAS	PREPARACIÓN: 15 MIN	COCCIÓN: 40-45 MIN

Un plato muy fácil de preparar con ingredientes que seguro que tienes en casa: pasta, tomate de lata, atún, alcaparras y aceitunas. Una receta ideal para una cena.

3 cucharadas de aceite de oliva
1 cebolla picada fina
2 dientes de ajo machacados
½ cucharadita de copos de guindilla
4 filetes de anchoa (opcional)
75 g de aceitunas negras sin hueso cortadas por la mitad
2 cucharadas de alcaparras escurridas
2 cucharadas de pasta de tomate
800 g de tomate triturado o cherry en conserva
sal y pimienta
400 g de espirales
300 g de atún al natural escurrido y desmenuzado
50 g de queso parmesano (parmigiano reggiano) rallado
1 puñado de perejil picado
ensalada verde crujiente, para servir

O PRUEBA ASÍ

- Puedes utilizar cualquier tipo de pasta, como orecchiette (ver pág. 68), lazos (ver pág. 16) o conchas (ver pág. 108).
- Utiliza una guindilla roja fresca en dados en vez de copos de guindilla.
- Sustituye el perejil por hojas de albahaca troceadas.

1 Calienta a fuego medio-bajo el aceite de oliva en una sartén. Echa la cebolla y sofríela 8 minutos hasta que esté blanda. Añade el ajo y los copos de guindilla y sofríelos 2 minutos, sin dejar de remover para que no se doren.

2 Agrega las anchoas (si utilizas), las aceitunas, las alcaparras, la pasta de tomate y el tomate triturado. Sube el fuego y llévalo a ebullición. Baja el fuego y cuécelo a fuego lento 15 minutos hasta que la salsa espese. Salpimienta al gusto.

3 Mientras, lleva a ebullición una cazuela con agua salada. Echa las espirales y cuécelas según las instrucciones del paquete. Vierte con cuidado uno o dos cucharones del agua de cocer la pasta en un bol y resérvala. Coloca un escurridor en el fregadero y vierte la pasta para escurrirla.

4 Precalienta el horno a 200 °C.

5 Incorpora el atún y la pasta a la salsa, añadiendo un poco del agua reservada, si es necesario, para que todo quede bien cubierto por la deliciosa salsa de tomate.

6 Pásalo a una bandeja de horno y esparce el parmesano por encima. Hornea 15-20 minutos hasta que el queso se derrita y se dore bien.

7 Retira la pasta del horno y déjala reposar 5 minutos. Esparce el perejil por encima y sírvela con una ensalada verde crujiente.

CABELLO DE ÁNGEL

LA HISTORIA DEL

CABELLO DE ÁNGEL

Cada vez que los ángeles se cortan el pelo en la peluquería, los buscadores de cabellos de ángel esperan debajo para atrapar los mechones que caen y echarlos en sus cacerolas.

Cabello de ángel se dice, en italiano, *capelli d'angelo* y es la pasta más fina que existe, ya que mide menos de 1 mm de grosor. ¡Y la más delicada! Se prepara extendiendo la pasta fresca en una lámina fina y cortándola luego en fideos finos.

En el siglo XIX, las monjas los cocían en un caldo y enviaban la sopa a las madres primerizas y a los enfermos, porque era muy digestiva. También se les daba a los bebés, porque no había nada que masticar. ¡Imagínate a las monjas yendo de puerta en puerta para comprobar quién no tenía dientes!

Como los fideos cabello de ángel son tan finos, a veces se venden en «nidos»: pequeños ovillos redondos que parecen nidos de pájaro. Cuando se echan en agua hirviendo, se cuecen rápidamente y se separan en hebras. Esta pasta fina combina de maravilla con salsas ligeras y platos al horno, incluido un pastel conocido como *capellini al forno*. En Nápoles, los fideos cabello de ángel se utilizan para hacer otro pastel, el *pasticcio*, y en Calabria, los *capiddi d'angilu* (como se llaman en el dialecto local) eran una especialidad de la congregación de monjas de las clarisas.

Así que, por favor, la próxima vez que vayas a la peluquería, pregunta si ha estado por ahí algún ángel. Puede que se haya dejado unos mechones con los que puedas hacer un delicioso pastel salado.

CABELLO DE ÁNGEL CON BRÓCOLI

FÁCIL	4 PERSONAS	PREPARACIÓN: 10 MIN	COCCIÓN: 10-15 MIN

Los fideos cabello de ángel son tan largos y finos que se cocinan superrápido y son un plato ligero muy fácil de hacer. ¡En el cielo estarán de fiesta!

3-4 cucharadas de aceite de oliva
1 cebolla en dados
3 dientes de ajo machacados
1 guindilla roja sin semillas y en dados (ver consejos)
400 g de fideos cabello de ángel
250 g de brotes de brócoli morado o bimi limpios y cortados por la mitad a lo largo
la ralladura y el zumo de ½ limón pequeño
unas ramitas de perejil picado
sal y pimienta
queso parmesano (parmigiano reggiano) rallado, para servir

NOTA

- Para una versión vegana, utiliza un queso vegano.

O PRUEBA ASÍ

- Utiliza copos de guindilla en vez de guindilla fresca.
- Puedes utilizar tagliolini, fideos finos o espaguetis (ver pág. 88) en vez de fideos cabello de ángel.
- Si no encuentras brócoli morado o bimi, utiliza brócoli normal. Corta los ramitos en trozos pequeños y los tallos en rodajas finas o trocitos. Cuécelos en agua hirviendo o caldo de verduras hasta que estén tiernos.

1 Calienta a fuego medio-bajo el aceite de oliva en una sartén. Echa la cebolla y sofríela, removiendo de vez en cuando con una cuchara de madera, 6-8 minutos hasta que esté tierna.

2 Añade el ajo y la guindilla y sofríelos 3 minutos hasta que estén tiernos.

3 Mientras, lleva a ebullición una cazuela con agua salada. Echa la pasta y cuécela según las instrucciones del paquete (ver consejos). Coloca un escurridor en el fregadero y vierte la pasta para escurrirla.

4 Mientras se cuece la pasta, lleva a ebullición una cazuela con agua ligeramente salada. Añade el brócoli y cuécelo 4-5 minutos hasta que esté hecho pero firme. Pincha los tallos con la punta de un cuchillo afilado para comprobarlo. Coloca un escurridor en el fregadero y vierte con cuidado el brócoli para escurrirlo.

5 Coloca la pasta y el brócoli en la sartén y mézclalos bien con una cuchara de madera, pero con suavidad, ya que los fideos son muy finos y delicados.

6 Añade la ralladura y el zumo de limón y el perejil. Salpimienta y remueve bien.

7 Reparte la pasta en 4 platos. Sírvela con el parmesano rallado al lado para que cada uno se eche a su gusto.

CONSEJOS

Los fideos cabello de ángel se cuecen muy rápido (2-3 minutos), así que vigílalos para que queden *al dente* (cocidos pero firmes).

Para despepitar las guindillas frescas, ábrelas con un cuchillo afilado, raspa las semillas y deséchalas. Después, úsalas según las instrucciones.

CODITOS

LA HISTORIA DE

LOS CODITOS

Sabes bien que no debes apoyar los codos en la mesa, pero hay una excepción: cuando estés comiendo pasta *gomiti*, porque *gomiti* significa justo eso, «codos». Eso sí, recuerda que aunque vayas a poner los *gomiti* en la mesa, ¡DEBES ponerlos primero en un bol!

Algunos piensan que esta pasta se diseñó pensando en los codos de las personas; otros, en los tubos (con forma de L) de los fontaneros. ¡Y es que, en italiano, es la misma palabra! En Estados Unidos, a los *gomiti* se les llama macarrones. Por eso, cuando toman sus «macarrones con queso», ¡son coditos!

Otros creen que los inventó el pastelero de la duquesa de Parma, de origen austriaco, a principios del siglo XIX. Se parecían a los *kipferl*, un pastelito austriaco con forma de media luna, y lo hizo para que se sintiera como en casa. De hecho, a veces también se llaman *chifferi* (la palabra italiana para *kipferl*).

También se dice que es la pasta que Thomas Jefferson introdujo en Estados Unidos en el siglo XVIII, después de probarla en París. Así pues, su origen, como el de tantos tipos de pasta, está rodeado de misterio (¡o al menos de contradicciones!) Jefferson tenía incluso una máquina de hacer pasta y puede que empezara a hacer «macarrones con queso» enseguida. Sin embargo, en Italia no encontrarás los famosos macarrones con queso por ninguna parte. Además, en realidad parece que proceden de Suiza: los tomaban los pastores de cabras a la hora del almuerzo para entrar en calor.

De una cosa no hay duda: si tus codos fueran realmente *gomiti*, ¡tendrías problemas para sostener tu plato de plasta!

CODITOS CON GARBANZOS A LA ROMANA

FÁCIL	4-6 PERSONAS	PREPARACIÓN: 15 MIN + REMOJO	COCCIÓN: 3-4 H

Métete a codazos en la cocina para preparar este plato de pasta vegetariano típico de Roma. A medio camino entre una sopa y un guiso, se hace con garbanzos secos ¡y es lo más! Puedes prepararlo con antelación y conservarlo tapado en el frigorífico varios días.

250 g de garbanzos secos
4 cucharadas de aceite de oliva virgen extra, y un poco más para rociar
1 cebolla picada
1 diente de ajo machacado
1 zanahoria en dados
2 tallos de apio en dados
2 cucharadas de pasta de tomate
960 ml de caldo de verduras
2-3 ramitas de romero
200 g de coditos
1 puñado de perejil picado fino
75 g de queso pecorino romano o parmesano (parmigiano reggiano) rallado
sal y pimienta

NOTA

- Para una versión vegana, utiliza un queso vegano.

O PRUEBA ASÍ

- Utiliza garbanzos de bote en vez de secos para preparar y cocer la sopa en menos de 1 hora.
- Puedes utilizar ditalini (ver pág. 112) o cualquier tipo de pasta pequeña en vez de gomiti.

1 Pon los garbanzos en un bol y cúbrelos con agua fría. Déjalos en remojo toda la noche.

2 Al día siguiente, coloca un escurridor en el fregadero y echa los garbanzos para escurrirlos. Pásalos a una cazuela, cúbrelos con agua fría y llévalos a ebullición. Baja el fuego y cuécelos a fuego lento 2-3 horas hasta que estén tiernos. Escúrrelos bien en un escurridor en el fregadero.

3 Calienta a fuego medio-bajo el aceite de oliva en una sartén de fondo grueso. Echa la cebolla, el ajo, la zanahoria y el apio y sofríelos 8-10 minutos hasta que estén hechos.

4 Añade la pasta de tomate. Agrega el caldo de verduras, el romero y tres cuartas partes de los garbanzos cocidos (reserva el resto). Llévalo a ebullición, baja el fuego y cuécelo a fuego lento 25-30 minutos.

5 Mientras, lleva a ebullición una cazuela con agua salada. Echa los coditos y cuécelos según las instrucciones del paquete. Coloca un escurridor en el fregadero y vierte con cuidado la pasta para escurrirla.

6 Retira el romero de la sopa y deséchalo. Vierte la sopa en una batidora o robot de cocina y tritúrala hasta obtener una textura fina.

7 Agrega la pasta y los garbanzos reservados a la cazuela junto con la sopa triturada. Salpimiéntalo y caliéntalo a fuego lento 5 minutos.

8 Sírvelo en boles. Esparce perejil y pecorino rallado por encima y rocíalo con aceite de oliva.

TALLARINES

LA HISTORIA DE

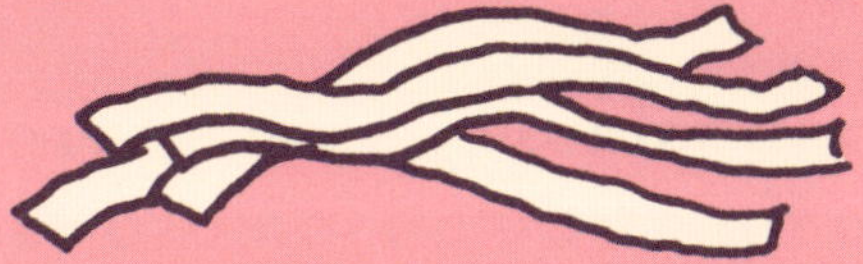

LOS TALLARINES

Los *tagliatelle* (tallarines) deben su nombre a la forma de elaborarlos. Y es que *tagliare* significa «cortar». Los fideos largos y planos se cortan en trozos más cortos. Imagina que TODOS los tipos de pasta se llamaran como se hacen; ¡tendríamos enrolla-telli (*tortellini*), rellena-loni (raviolis) y aguge-tini (*bucatini*)!

Tradicionalmente, esta pasta se hace de dos colores: verde y amarillo. La versión amarilla es la del color normal de la pasta, mientras que la verde está coloreada y aromatizada con espinacas o acelgas. Los tallarines se venden secos, enrollados en forma de nidos.

¿Te suena un plato llamado espaguetis a la boloñesa? Son espaguetis con una salsa de carne llamada ragú. Pues bien, en Italia esta salsa se sirve normalmente con los tallarines. ¿Por qué? Porque son más anchos y un poco más rugosos, lo que permite que la salsa se adhiera mejor.

Supuestamente, los tallarines se inventaron en 1487, cuando Juan II de Bentivoglio, señor de Bolonia, pidió a su cocinero que preparara un banquete en honor de Lucrecia Borgia, una dama de la nobleza italiana. El chef, Mastro Zefirano, cocinó platos asombrosos, entre ellos un nuevo tipo de pasta que elaboró cortando una lasaña (ver pág. 148) en largas cintas doradas en honor a la legendaria melena rubia de la duquesa. ¡Y así es como esta pasta pasó a llamarse *tagliatelle*!

La próxima vez que quieras para comer unos fideos largos y planos, prueba a cortar la lasaña en tiras. Si no, compra tallarines... ¡Siempre puedes llamarlos «corta-telle»!

TALLARINES AL HORNO VENECIANOS

FÁCIL	4 PERSONAS	PREPARACIÓN: 10 MIN	COCCIÓN: 30 MIN

Esta pasta al horno con langostinos y endivias rojas es una versión libre de un delicioso plato típico de un famoso restaurante de Venecia. En Italia se considera casi un pecado añadir queso a la pasta con pescado, pero en este caso... ¡funciona!

50 g de mantequilla en dados
3 chalotas en rodajas finas
1 endivia roja limpia y en rodajas finas
90 ml de vino tinto
400 g de langostinos crudos congelados, pelados y sin el hilo intestinal
240 g de nata espesa
200 g de tallarines
30 g de queso parmesano (parmigiano reggiano) rallado
sal y pimienta
ensalada verde crujiente, para servir

NOTA

- No cocines demasiado los langostinos. En cuanto estén de color rosado, añade la nata.

O PRUEBA ASÍ

- Utiliza una cebolla roja pequeña en vez de chalotas.
- Sustituye los langostinos por carne de cangrejo fresca congelada o de lata.
- Utiliza caldo de pescado o de verduras en vez de vino tinto.

1 Precalienta el horno a 180 °C.

2 Derrite a fuego medio-bajo la mantequilla en una sartén. Añade las chalotas y sofríelas, removiendo de vez en cuando con una cuchara de madera, 5 minutos hasta que estén tiernas.

3 Añade la endivia y remueve bien 3 minutos hasta que las hojas se empiecen a marchitar.

4 Vierte el vino y remueve bien. Llévalo a ebullición y déjalo hervir unos minutos hasta que se evapore.

5 Añade los langostinos y fríelos 1 minuto. Dales la vuelta y fríelos por el otro lado hasta adquieran un color rosado (ver nota). Vierte la nata y cuécelo todo 5 minutos hasta obtener una deliciosa salsa cremosa.

6 Mientras, lleva a ebullición una cazuela con agua salada. Añade los tallarines y cuécelos 2 minutos menos que el tiempo de cocción recomendado. No los cuezas demasiado: deben quedar bastante firmes. Coloca un escurridor en el fregadero y vierte con cuidado la pasta para escurrirla.

7 Salpimienta al gusto. Añade los tallarines y remueve bien. Pásalos a una bandeja de horno y esparce el parmesano por encima. Hornéalos 15 minutos o hasta que el queso se derrita y se dore (ver consejo).

8 Sírvelos calientes con una ensalada verde crujiente.

CONSEJO

Aunque tradicionalmente se cocinan en el horno, puedes gratinarlos unos minutos hasta que el queso se derrita y la superficie esté dorada y crujiente.

TORTELLINI

LA HISTORIA DE

LOS TORTELLINI

En este libro, hemos hablado de orejas, lenguas y codos de pasta, ¡pero también hay ombligos! Aunque algunos creen que esta pasta se inspiró en el ombligo de una diosa, no acabó llamándose *ombelichi* (la palabra italiana para «ombligo»), sino *tortellini*, que significa «pastelito».

Se supone que los *tortellini* se crearon en honor del ombligo de la diosa Venus. La historia de su origen es tan famosa que cada año se celebra un festival en la ciudad de Castelfranco Emilia, donde los actores se visten con trajes medievales para recrearla.

¿Hasta qué punto se toman los italianos en serio sus *tortellini*? Muchísimo. Existe incluso una Orden Erudita del Tortellino que ha establecido reglas sobre el grosor (de 6 a 10 mm) y el peso exactos de cada *tortellini* (5 g). Incluso dicen lo pequeños que tienen que ser: ¡en cada cucharada deben caber siete *tortellini* crudos! Los miembros de esta orden llevan sombreros rojos y dorados con forma de *tortellini* y una cinta alrededor del cuello con un *tortellini* dorado colgando.

Por supuesto, los mejores se hacen a mano. Pero incluso con todas las reglas bien escritas y pautadas, los cocineros no se ponen de acuerdo en cómo deben hacerse. En Bolonia, se giran alrededor del dedo meñique, mientras que en Módena se utiliza la punta del índice.

Así que, tanto si te apetece comer ombligos como pastelitos de pasta, en realidad comerás *tortellini*. ¡Y te aseguro que estarán riquísimos, sobre todo si sigues nuestra receta!

TORTELLINI CON SALSA DIOSA VERDE

FÁCIL	4 PERSONAS	PREPARACIÓN: 15 MIN	COCCIÓN: 10 MIN

Este plato de pasta, rápido y fácil, lleva *tortellini* con pesto de brócoli. Lo mejor de todo es que puedes hacerlo con lo que tengas en el frigorífico o en la despensa.

PURÉ DE AGUACATE

1 aguacate maduro cortado por la mitad y deshuesado
1 chorrito de zumo de lima
1 pizca de copos de guindilla

SALSA Y PASTA

30 g de piñones
400 g de brócoli limpio y en ramitos
800 g de tortellini, por ejemplo, de espinacas y ricotta
2 dientes de ajo machacados
1 puñado grande de hojas de albahaca
50 g de queso parmesano (parmigiano reggiano) rallado, y un poco más para espolvorear
4-5 cucharadas de aceite de oliva
sal y pimienta

NOTA

- Para una versión vegana, utiliza un queso curado vegano.

O PRUEBA ASÍ

- Utiliza almendras tostadas en vez de piñones, añade un chorrito de zumo de limón y/o un poco de perejil o cilantro picados finos al pesto.

1 Para preparar el puré de aguacate, con una cuchara, retira la pulpa del aguacate y ponla en un bol. Machácalo grueso con un tenedor hasta que esté cremoso pero con grumos. Mézclalo con el zumo de lima y los copos de guindilla.

2 Para preparar la salsa y la pasta, calienta a fuego medio una sartén. Añade los piñones y fríelos en seco 2-3 minutos, removiendo bien, hasta que estén dorados y desprendan su aroma. Retíralos de inmediato para que no se peguen ni se quemen.

3 Lleva a ebullición una cazuela con agua salada. Añade el brócoli y cuécelo 2 minutos hasta que esté tierno pero firme.

4 Retira el brócoli con una espumadera y escúrrelo bien. Lleva a ebullición la cazuela con el agua de cocer el brócoli. Mientras, pon el brócoli en una batidora eléctrica, robot de cocina o picadora.

5 Añade los *tortellini* al agua hirviendo de la cazuela y cuécelos según las instrucciones del paquete. Vierte uno o dos cucharones del agua de cocción de la pasta en un bol y resérvala. Coloca un escurridor en el fregadero y vierte la pasta para escurrirla.

6 Mientras, añade los piñones tostados, el ajo, la albahaca y la mayor parte del parmesano (reserva un poco para espolvorear) en la batidora, el robot de cocina o la picadora. Vierte 120 ml del agua reservada. Tritura hasta obtener una mezcla homogénea. Si es necesario, añade más agua de cocción.

7 Con el motor en marcha, añade poco a poco el aceite de oliva en un chorro fino hasta obtener un puré verde. Salpimiéntalo al gusto.

8 Ponlo en una fuente y añade los *tortellini*. Mezcla bien y esparce el parmesano restante por encima. Sírvelo con el puré de aguacate.

CAVATAPPI

LA HISTORIA DE

LOS CAVATAPPI

A veces, después de un baile loco, los tubos de pasta se retuercen y ya no se pueden volver a enderezar. Es entonces cuando dejan de bailar con otros macarrones y se van a las fiestas exclusivas de los *cavatappi*.

Cavatappi es una pasta tubular con forma de bucle que en italiano significa «sacacorchos» (lo que se utiliza para sacar el corcho de una botella). Los nombres de la pasta pueden resultar muy confusos: en realidad, no existen nombres oficiales, solo ciertas medidas y formas de pasta comúnmente aceptadas, con muchos nombres diferentes. Así pues, los *cavatappi* también se conocen como *cellentani* (ahora te explicamos por qué), *amori* y *spirali*.

Pero no los confundas con las espirales (ver pág. 36), a veces también llamadas «tornillos». ¿Cómo puedes distinguirlos? ¡Muy fácil! Las espirales son planas y los *cavatappi* huecos y con rayas en la superficie. ¿Te parece un lío?

Aunque muchas pastas existen desde hace siglos, los *cavatappi* no se inventaron hasta la década de 1970. La marca italiana de pasta Barilla fabricó accidentalmente un juego de matrices (los moldes para hacer formas de pasta) con forma de muelle, en vez de rectas. Bautizaron la nueva pasta con el nombre de *cellentani* en honor a la estrella del pop italiano Adriano Celentano, apodado *il Molleggiato*, que significa «elástico», por su sinuosa forma de bailar. Más tarde, *cavatappi* se convirtió en el término más común para esta pasta, porque Barilla había registrado el nombre *cellentani* y nadie más podía utilizarlo.

Con independencia del nombre, este tipo de pasta hueca con forma de espiral, bucle o sacacorchos está deliciosa con salsas cremosas, porque permite que se queden en su interior. ¡Venga! ¡A bailar!

CAVATAPPI CON QUESO Y FRITTATA DE PANCETA

FÁCIL	4 PERSONAS	PREPARACIÓN: 10 MIN	COCCIÓN: 25 MIN

En esta receta añadimos pasta a una *frittata* (una especie de tortilla italiana). Obtendrás un plato sano, fácil y, sobre todo, ¡delicioso! Y de paso aprovecharás los restos de pasta y de verduras que tengas por el frigorífico.

115 g de cavatappi
8 huevos
100 g de queso parmesano (parmigiano reggiano) rallado
1 puñado de perejil o cebollino picado
pimienta
100 g de panceta en dados

NOTA

- La frittata caliente o templada con una ensalada está deliciosa, pero fría también está muy buena. Puedes reservarla en un recipiente hermético en el frigorífico toda la noche y llevártela para almorzar o merendar.

O PRUEBA ASÍ

- Utiliza queso cheddar rallado en vez de parmesano.
- Puedes utilizar cualquier pasta en forma de tubo o pequeña, como macarrones (ver pág. 116), ditalini (ver pág. 114) o plumas (ver pág. 28), incluso restos de espaguetis con salsa de tomate.

1 Precalienta el gratinador al máximo.

2 Lleva a ebullición una cazuela con agua salada. Añade los *cavatappi* y cuécelos según las instrucciones del paquete. Coloca un escurridor en el fregadero y vierte con cuidado la pasta para escurrirla.

3 Mientras, bate los huevos en un bol con un poco de pimienta negra. Añade dos tercios del parmesano y bate con unas varillas hasta que se integre bien. Incorpora el perejil o el cebollino.

4 Calienta a fuego medio una sartén antiadherente de 25 cm. Añade la panceta y sofríela, removiendo de vez en cuando con una cuchara de madera, 4-5 minutos hasta que la grasa se derrita y la carne esté bien dorada y crujiente (ver consejo).

5 Agrega la pasta cocida y los huevos batidos. Déjalos cuajar 5 minutos o hasta que la *frittata* esté dorada por debajo y casi hecha. Esparce el parmesano restante por encima.

6 Pon la sartén bajo el gratinador 4-5 minutos o hasta que la superficie de la *frittata* esté cuajada y dorada. Pide a un adulto que retire la sartén de gratinador, asegurándote de que utiliza un guante de cocina, ya que el asa estará caliente.

7 Deja reposar la *frittata* 5 minutos antes de desmoldarla sobre una tabla o un plato. Córtala en cuñas para servir.

CONSEJO

No necesitas aceite para freír la panceta, se hará en su propia grasa.

TROFIE

LA HISTORIA DE

LOS TROFIE

¡Has ganado el concurso al mejor comedor de pasta! ¡Solo te queda la última cucharada de salsa! Los jueces se acercan a ti para estrecharte la mano y darte un *trofie*! Pero... espera, ¿un *trofie*?, ¿qué es eso? Suena parecido a trofeo, pero no es una copa de oro lo que te están entregando. ¡Es un trozo de pasta *trofie*!

Los *trofie* son un tipo de pasta corta originaria de la Liguria, una región italiana a orillas del Mediterráneo. Tienen forma retorcida, con los extremos puntiagudos y mayor grosor por el centro. Se suelen comer con pesto de albahaca (una especialidad de la Liguria), patatas y judías verdes.

Puede que la palabra proceda del griego *trophe*, que significa «alimento», algo que nutre. Antiguamente, esta pasta se hacía con pan rallado y patatas, aunque hoy en día se prepara con harina de sémola e incluso con harina de castañas, más dulce.

Pero también podría proceder de la palabra ligur *strufuggiâ*, que significa «frotar». Y no es un origen tan extraño como pudiera parecer en un principio. Una leyenda cuenta que esta pasta se inventó por casualidad en los barcos que se dirigían a las cruzadas medievales. Los cocineros frotaban la masa sobrante con las manos, hacían una especie de churrito fino terminado en punta y lo echaban al perolo también.

Otros dicen que las esposas de los pescadores de la Liguria se sentaban mirando al mar y, mientras esperaban a que sus maridos volvieran de pescar, retorcían y frotaban la pasta de los *trofie*.

Olvídate de quién gana el trofeo a la mejor historia sobre su origen. ¡Los *trofie* están tan ricos que comerlos es todo un premio!

TROFIE CON PESTO A LA GENOVESA

FÁCIL	4 PERSONAS	PREPARACIÓN: 15 MIN	COCCIÓN: 10 MIN

La clásica salsa de pesto es el acompañamiento perfecto para esta laureada pasta. Puedes prepararlo a mano con un mortero o, si quieres ganar tiempo, con una batidora o un robot de cocina, como hacemos aquí.

PESTO

1 manojo grande de hojas de albahaca sin los tallos duros (ver consejos)
1 diente de ajo grande picado
30 g de piñones
1 pizca de sal marina
50 g de queso parmesano (parmigiano reggiano) rallado
120 ml de aceite de oliva virgen extra

PASTA

400 g de trofie
pimienta

NOTA

- No hace falta que espolvorees parmesano rallado, ya que la salsa tiene mucho queso.

O PRUEBA ASÍ

- Para darle un sabor diferente, puedes sustituir la albahaca por rúcula.
- En vez de piñones, puedes utilizar almendras crudas peladas o pistachos.
- En vez de trofie, utiliza espirales (ver pág. 36), gemelli, linguine (ver pág. 136) o tortellini (ver pág. 52).

1 Para preparar el pesto, pon la albahaca, el ajo, los piñones y la sal en una batidora o robot de cocina. Tritúralo hasta que esté bien picado: tendrás que empujar la mezcla que quede por las paredes de la batidora o el bol con una espátula de silicona y seguir batiéndola hasta obtener un puré.

2 Con el motor en marcha, echa el aceite de oliva. Añade el parmesano y tritúralo de nuevo. Sazona al gusto. Si está demasiado espeso, añade un poco más de aceite de oliva. Vierte el pesto en un bol y cúbrelo con film transparente para que no se oxide.

3 Lleva a ebullición una cazuela con agua salada. Echa los *trofie* y cuécelos según las instrucciones del paquete. Vierte con cuidado uno o dos cucharones del agua de cocción de la pasta en un bol y resérvala. Coloca un escurridor en el fregadero y vierte la pasta para escurrirla.

4 Echa la pasta en el bol del pesto y remueve bien. Para aligerar la consistencia del pesto, añade un poco del agua reservada, poco a poco, hasta que esté lo bastante cremoso para cubrir la pasta.

5 Reparte la pasta en 4 boles y muele un poco de pimienta negra por encima. Sírvela de inmediato.

CONSEJOS

Mantén la albahaca en una jarra con agua hasta que vayas a utilizarla. Las hojas deben estar firmes y verdes, sin partes negras por los bordes.

El pesto se conservará bien varios días en un tarro con tapa de rosca en el frigorífico. Basta con verter un poco de aceite de oliva por encima antes de cerrarlo para conservar su intenso color verde.

GIGLI

LA HISTORIA DE LOS GIGLI

Si encuentras una extraña flor de color amarillo pálido en una maceta, podría tratarse de un nuevo tipo de narciso. Pero antes de ofrecérsela a alguien, comprueba tu comida. Puede que un *gigli* revoltoso de pasta se haya escapado del plato.

Gigli significa «lirio» en italiano y no es muy difícil entender por qué, aunque también se los conoce como *campanelle* («campanillas») o *riccioli* («rizos»).

Para hacerlos, se parte de una lámina de pasta de borde rizado. Después se enrolla para formar conos de pequeño tamaño. Su forma es bonita y delicada a primera vista, pero puede contener muchísima salsa y mantiene su forma cuando se cocina.

El lirio es el emblema de Florencia, la capital de la Toscana (Italia) y figura en el escudo de armas de la ciudad desde el siglo XI. Además, su fundador fue Florinus da Cellino y *florentia* significa «floración» en latín. De ahí que algunos fabricantes de pasta toscanos reivindiquen los *gigli* como típicos de la región.

Los *gigli* hacen que una comida especial lo sea todavía más, por lo que son perfectos para todo tipo de celebraciones. Y un jarrón de *gigli* secos podría colocarse en el centro de una mesa de una casa de muñecas para decorarla. ¡Incluso se podría decir que están para comérselos!

GIGLI CON SALSA DE TERNERA Y SETAS

FÁCIL	4 PERSONAS	PREPARACIÓN: 15 MIN	COCCIÓN: 2-2½ H

Esta rica salsa de ternera y setas tarda un poco en hacerse, pero la espera merece la pena. Cuanto más despacio cueza, más tierna quedará la carne. Añade un precioso toque floral y obtendrás un plato ideal para entrar en calor los días más fríos del invierno.

2 cucharadas de harina
800 g de carne de ternera para guisar (morcillo, babilla o falda) en dados grandes
4 cucharadas de aceite de oliva
3 dientes de ajo machacados
2 tallos de apio en dados
1 cebolla en rodajas finas
1 zanahoria grande en dados
450 g de champiñones picados
3 ramitas de tomillo
2 hojas de laurel
3 cucharadas de pasta de tomate
1-2 cucharaditas de azúcar moreno
400 ml de caldo de carne
200 ml de vino tinto
400 g de gigli
unas ramitas de perejil picado
4 cucharadas de queso parmesano (parmigiano reggiano) rallado
sal y pimienta

O PRUEBA ASÍ

- Puedes utilizar rigatoni (ver pág. 20), casarecce o incluso tallarines (ver pág. 48).
- Si no tienes vino, utiliza en su lugar caldo de carne.

1 En un bol, mezcla la harina con los dados de carne y remueve hasta que estén bien rebozados.

2 Calienta a fuego medio-alto 2 cucharadas de aceite en una cazuela. Añade la carne y saltéala, removiendo de vez en cuando con una cuchara de madera, 6-8 minutos, hasta que se dore bien. Con una espumadera, pasa la carne a un plato. Resérvala.

3 Baja el fuego y vierte el aceite restante. Echa el ajo, el apio, la cebolla y la zanahoria y sofríelos 8-10 minutos hasta que estén blandos. Agrega las setas y fríelas 3-4 minutos.

4 Añade las hierbas, la pasta de tomate y el azúcar. Vierte el caldo de carne y el vino. Agrega la carne reservada, tapa la cazuela y cuécelo todo a fuego lento durante 1½-2 horas —cuanto más tiempo y más despacio, mejor— hasta que la salsa se reduzca y espese y la carne esté hecha (ver consejo).

5 Mientras, lleva a ebullición una cazuela con agua salada. Añade los *gigli* y cuécelos según las instrucciones del paquete. Coloca un escurridor en el fregadero y vierte la pasta para escurrirla.

6 Cuando la salsa de ternera esté lista, utiliza dos tenedores para desmenuzar los trozos grandes de carne. Salpimienta al gusto. Añade la pasta escurrida a la cazuela y mezcla bien con una cuchara. Repártela en 4 boles. Esparce perejil y parmesano por encima y sírvela.

CONSEJO

Mientras se cuece la carne, comprueba de vez en cuando que la salsa no se pegue al fondo de la cazuela. Añade un poco más de caldo o agua si está demasiado seca.

ORECCHIETTE

LA HISTORIA DE

LAS ORECCHIETTE

Cuidado con lo que dices delante de un plato repleto de *orecchiette*. Su nombre significa «orejitas» y podrían oírlo todo, ¡a menos que quieras compartir tus secretos con un plato de pasta!

Las *orecchiette* son una de las pocas pastas que se hacen sin rodillo. Pertenecen a la categoría de las *strascinati*, que significa «tiradas» o «arrastradas». Su típica forma se consigue haciendo una hendidura con un cuchillo y arrastrando el pulgar para darle forma de oreja, de ahí su nombre. Esto permite que la pasta absorba mejor la salsa.

Se cree que las *orecchiette* datan del siglo XIII. Cuenta la leyenda que surgieron de un pastel que se come durante la fiesta judía de Purim y que recibe su nombre, «oreja de Amán», por Amán, el malo del libro bíblico de Ester.

Muchas recetas italianas se preparan con ingredientes que están disponibles solo una determinada época del año o son propios de una región concreta; suele haber, además, formas tradicionales de prepararlas y comerlas. Las *orecchiette*, originarias de la región de Apulia, en el sur de Italia, no son una excepción.

Generalmente se comen con grelos, que aportan un delicioso toque amargo (suponiendo que te guste el sabor amargo), o ajos y anchoas (suponiendo que te gusten), como en la receta de la página siguiente. Si no es el caso, ¡no pongas esa cara de horror! ¡Combinan con muchas otras cosas!

Y no lo olvides, con las *orecchiette*, tus secretos estarán a salvo. Pero ten cuidado, los de la mesa de al lado también tienen oídos... ¡y puede que no sean tan discretos como esta pasta!

ORECCHIETTE CON SALSA MEDITERRÁNEA DE PESCADO

FÁCIL	4 PERSONAS	PREPARACIÓN: 15 MIN	COCCIÓN: 20 MIN

Sirve este plato en verano, para una celebración especial. Es una forma perfecta de estirar una ración un poco justa de pescado. Los piñones y las sultanas añaden un sabor agridulce muy típico de Sicilia y Venecia, o *agrodolce*, como dicen allí.

400 g de orecchiette
2 cucharadas de aceite de oliva
1 cebolla picada
3 dientes de ajo machacados
4 filetes de anchoa en aceite escurridos
1 pizca de copos de guindilla
120 ml de vino blanco
400 g de tomates cherry
450 g de bacalao en filetes gruesos o de cola de rape sin piel y en dados pequeños
1 puñado grande de perejil picado
2 cucharadas de piñones tostados
2-3 cucharadas de pasas sultanas
sal y pimienta

NOTA

- Lo mejor es un pescado blanco firme y «carnoso», como el rape o el pez espada. Incluso puedes hacerlo con filetes de atún fresco.

O PRUEBA ASÍ

- En verano, sustituye el perejil por albahaca.
- En vez de vino blanco, utiliza caldo de pescado.

1 Lleva a ebullición una cazuela con agua salada. Echa los *orecchiette* y cuécelos según las instrucciones del paquete. Vierte con cuidado uno o dos cucharones del agua de cocción de la pasta en un bol y resérvala. Coloca un escurridor en el fregadero y vierte la pasta para escurrirla.

2 Mientras, calienta a fuego medio el aceite de oliva en una sartén. Añade la cebolla y el ajo y sofríelos, removiendo de vez en cuando con una cuchara de madera, 6-8 minutos hasta que se ablanden.

3 Agrega las anchoas y los copos de guindilla, aplastando las anchoas con la cuchara, y sofríelos durante 1 minuto.

4 Vierte el vino blanco y cuécelo a fuego lento 4-5 minutos hasta que se reduzca y se evapore.

5 Añade los tomates, aplástalos y lleva la mezcla a ebullición. Baja el fuego y cuécela 5 minutos.

6 Añade el pescado y cuécelo a fuego lento 3 minutos o hasta que esté hecho. No lo cuezas demasiado o se desmenuzará y deshará.

7 Salpimienta al gusto. Las anchoas tienen un sabor fuerte y salado, así que prueba la salsa antes de añadir sal.

8 Agrega la pasta cocida a la salsa y mézclalo todo bien con la cuchara hasta cubrirla. Si te parece demasiado espesa, añade un poco del agua reservada.

9 Añade la mayor parte del perejil, remueve bien y repártelo en 4 platos. Esparce el perejil restante, los piñones y las sultanas por encima. Sírvelo de inmediato.

LUMACHE

LA HISTORIA DE LAS LUMACHE

¿Sabías que un caracol tarda unas nueve horas en recorrer un campo de fútbol? La mayoría de los animales necesitan ser rápidos para escapar de los depredadores. La concha de los caracoles no es solo su hogar, sino también su armadura, y les sirve de protección. Sin embargo, hay un tipo de caracol que se come PRECISAMENTE por su concha. Hablamos de la pasta *lumache*, por supuesto.

Lumache significa «caracol», por lo que no es de extrañar que esta pasta se parezca mucho a la concha de un caracol. Fabricada industrialmente en un molde metálico, es una incorporación relativamente reciente al mundo de la pasta.

Como ocurre con muchos otros tipos de pasta, se vende en más de un tamaño. Seguro que ya te imaginas que si hay *lumache*, tiene que haber *lumaconi* cerca. Y si hay *lumaconi*, a la vuelta de la esquina (¡aunque avanzando despacito!) habrá *lumachine*. ¡Pregunta! ¿Qué significa *-oni*? ¡Perfecto! ¡«GRANDE»! ¿E *-ine*? ¡Sí! ¡«Pequeño»! ¡Por supuesto! Las conchas de *lumaconi* son enormes y se suelen rellenar con queso u otros ingredientes y después hornearse. Como tienen un agujero redondo abierto en un extremo y el otro pellizcado, retienen la salsa de maravilla.

Este tipo de pasta tiene su origen en la región del Piamonte, donde se celebra un festival de caracoles. Si vas allí podrás comer caracoles de verdad, y de pasta, al mismo tiempo. ¡Pero cuida! Procura masticar las conchas correctas (¡las de pasta, no las de caracol!).

Y antes de meterte un bocado de *lumache* en la boca, ¡asegúrate de que los caracoles no están en casa!

PASTEL DE SALCHICHAS Y LUMACHE

FÁCIL	4 PERSONAS	PREPARACIÓN: 15 MIN	COCCIÓN: 40-45 MIN

Se trata de un delicioso pastel de pasta para toda la familia. Además, es económico y, a diferencia de los caracoles, que le dan su nombre, muy rápido de hacer. Puedes utilizar las salchichas que quieras: de cerdo, de hierbas, picantes, de pollo, de ternera o vegetales.

SALSA DE TOMATE

2 cucharadas de aceite de oliva
1 cebolla en dados
2 dientes de ajo machacados
800 g de tomate triturado en conserva
2 cucharadas de pasta de tomate
1 cucharadita de azúcar
1 puñado de hojas de albahaca picadas
unas gotas de vinagre balsámico
sal y pimienta

PASTA AL HORNO

6 salchichas
1 cucharada de aceite de oliva
350 g de lumache
200 g minibolas de mozzarella (ver consejo)
50 g de queso parmesano (parmigiano reggiano) o cheddar rallado
25 g de migas de pan blanco tierno

O PRUEBA ASÍ

- Utiliza rigatoni (ver pág. 20), plumas (ver pág. 28) o conchas (ver pág. 108) en vez de lumache.
- Añade unos copos de guindilla a la salsa de tomate.

1 Precalienta el horno a 200 °C.

2 Para preparar la salsa de tomate, calienta a fuego medio-bajo el aceite en una sartén. Echa la cebolla y el ajo y sofríelos, removiendo de vez en cuando con una cuchara de madera, 6-8 minutos hasta que estén blandos.

3 Añade los tomates, la pasta de tomate, el azúcar y la albahaca. Baja el fuego y cuécelo 15 minutos o hasta que la salsa se reduzca y espese. Salpimienta al gusto y agrega un poco de vinagre balsámico.

4 Mientras, con un cuchillo afilado, haz un corte a lo largo de cada salchicha y retira la piel. Deséchala y divide la carne de cada salchicha en 3 para obtener 18 raciones. Con las manos, dales forma de albóndiga.

5 Calienta a fuego medio el aceite en una sartén. Añade las albóndigas de salchicha y fríelas, dándoles la vuelta de vez en cuando con unas pinzas, 10 minutos o hasta que estén bien hechas y doradas.

6 Lleva a ebullición una cazuela con agua salada. Echa las *lumache* y cuécelas según las instrucciones del paquete. Coloca un escurridor en el fregadero y vierte la pasta para escurrirla.

7 Pon las albóndigas de salchicha y la pasta en una bandeja de horno poco profunda y vierte la salsa de tomate por encima. Coloca las bolas de mozzarella encima de la salsa, presionándolas, y esparce el queso y las migas de pan.

8 Hornéalo 20 minutos hasta que el queso se derrita y quede crujiente y dorado. Sírvelo caliente con una ensalada verde.

CONSEJO

Si no tienes minibolas de mozzarella, trocea una bola grande.

ZITI

LA HISTORIA DE

LOS ZITI

Estás de vacaciones en Nápoles y te despiertas con el ruido de los árboles sacudidos por el viento. ¿O es tu hermana practicando kárate? Le has dicho mil veces que no haga ruido los domingos por la mañana… De repente, recuerdas que estás en Nápoles. No es el sonido de los árboles ni de los golpes de kárate. ¡La ciudad entera está troceando *ziti*!

Se dice que los domingos por la mañana, en las calles de Nápoles, se oye el ruido de las mujeres partiendo los *ziti* a mano. Y es que la forma tradicional de prepararlos es rompiendo cada tubo de pasta en cuatro trozos antes de cocerlos. ¿Por qué? Porque si no, no cabrían en la cazuela. Los *ziti* miden unos 25 cm (son como *rigatoni* lisos que acaban de dar un estirón, para que te hagas una idea). Existe también una versión más ancha, pero de la misma longitud (los *zitone*), y los *ziti candelati* (o «velas»), que son más largos, anchos y finos que los normales.

En Italia, se suelen servir en los banquetes de bodas. Quizá sea porque la palabra *ziti* significa «esposos». En Sicilia, la tradición dice que se debe preparar una gran olla de *maccarune di zita* (o «pasta de la novia») para convidar a los vecinos.

Y en el sur de Italia, en Ferragosto —cuya festividad nacional es el 15 de agosto en honor al emperador romano Augusto— es costumbre servir boles enormes de pasta *'ncasciata* (berenjena rellena de *ziti*).

Así que la próxima vez que tu hermana tenga que practicar sus golpes de kárate, ¡dile que pruebe a trocear unos *ziti*!

ZITI ALLA NORMA

FÁCIL	4 PERSONAS	PREPARACIÓN: 10 MIN	COCCIÓN: 25-30 MIN

¡Un clásico plato siciliano de intenso sabor! Para ser fiel a la receta original, utiliza ricotta salata. Aunque está disponible en Internet, no es siempre fácil de encontrar, así que sustitúyela por parmesano rallado o pecorino si no encuentras.

120 ml de aceite de oliva
2 berenjenas grandes sin los extremos y en rodajas de 1 cm de grosor
3 dientes de ajo machacados
800 g de tomate triturado en conserva
1 puñado de hojas de albahaca cortadas gruesas
1 pizca generosa de azúcar
400 g de ziti
50 g de queso ricotta salata rallado o en láminas (ver nota)
sal y pimienta

NOTA

- La ricotta salata no es apta para vegetarianos, por lo que vegetarianos y veganos deben utilizar en su lugar parmesano, o cualquier otro queso, vegano.

O PRUEBA ASÍ

- Añade unos copos de guindilla o unos dados de guindilla fresca.
- En vez de ziti, utiliza plumas (ver pág. 28), bucatini (ver pág. 100), rigatoni (ver pág. 20), espirales (ver pág. 36) o espaguetis (ver pág. 88).

1 Calienta 3 cucharadas de aceite de oliva en una sartén. Coloca rodajas de berenjena en la sartén, sin amontonarlas, y fríelas a fuego medio-alto 3-4 minutos por cada lado, hasta que estén tiernas y doradas (ver consejo).

2 Retíralas con una espumadera y déjalas escurrir sobre papel de cocina. Repite la operación con las rodajas de berenjena restantes, por tandas, añadiendo más aceite si fuera necesario. Corta en dados la mitad de las rodajas y resérvalas.

3 Calienta a fuego medio-bajo un poco de aceite de oliva en otra sartén. Echa el ajo y sofríelo 1-2 minutos. Añade el tomate triturado y llévalo a ebullición a fuego medio-alto. Baja el fuego a medio-bajo y cuécelo 15 minutos o hasta que la salsa se reduzca y espese. Agrega la mayor parte de la albahaca y el azúcar y remueve bien. Salpimienta al gusto.

4 Mientras, lleva a ebullición una cazuela con agua salada. Añade los *ziti* y cuécelos según las instrucciones del paquete. Vierte con cuidado uno o dos cucharones del agua de cocción de la pasta en un bol y resérvala. Coloca un escurridor en el fregadero y vierte la pasta cocida para escurrirla.

5 Coloca de nuevo la pasta en la cazuela caliente. Añade la salsa de tomate y las berenjenas en rodajas y en dados y remueve bien con una cuchara. Si la mezcla queda muy seca, añade un poco del agua de la pasta reservada.

6 Reparte la pasta en 4 platos. Esparce la albahaca y el queso por encima y sírvela.

CONSEJO

Para evitar que las rodajas de berenjena absorban demasiada aceite, ponlas en un escurridor, esparce sal por encima y déjalas 30 minutos para que suelten sus jugos «amargos». Sécalas bien con papel de cocina antes de freírlas.

MAFALDAS

LA HISTORIA DE

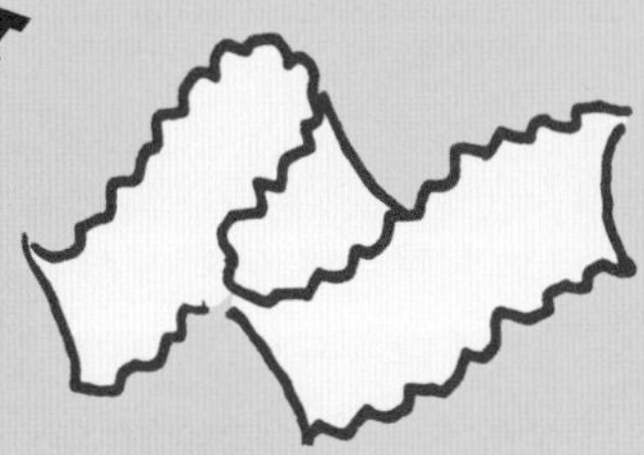

LAS MAFALDAS

¡Imagínate que diseñaran una pasta para ti y le pusieran tu nombre nada más nacer! ¡Carlot-itti ! ¡Rafael-oni! No está mal, ¿no? Pero ¿qué pasaría si descubrieras que ya existía y que no había sido diseñada especialmente para ti?

Esto es justo lo que le pasó a la princesa Mafalda de Saboya, que se enteró de que las mafaldas (*mafaldine*, en italiano) llevaban ya el nombre de otra persona.

Érase una vez una princesa llamada Mafalda de Saboya, segunda hija del rey Víctor Manuel III de Italia. Al nacer, en 1902, unos fabricantes de pasta afirmaron haber creado una pasta nueva para celebrar tan feliz ocasión. Sin embargo, esa pasta ya existía con el nombre de *manfredine*, en honor a un tal Manfred (aunque nadie se acuerde de él), así que le cambiaron el nombre por el de la princesa.

Aunque probablemente esta historia sea falsa, es fantástica. Además, las mafaldas son de esas pastas que tienen diferentes nombres (¡además de *manfredine*!). Se conocen también como *mafalde*, *reginelle* y *reginette* (que significa «pequeñas reinas»). En Sicilia se llaman *margherite* y, en Nápoles, *fettuccelle ricce* (*ricce* significa «rizado»). Y, a veces, se llaman *signorine* (que significa «señoritas»).

Se dice que esta pasta de cinta ancha y plana con borde ondulado imita el cabello ondulado de la princesa Mafalda. Hecha con un cortapastas de borde rizado, los elegantes volantes de la pasta retienen de maravilla las salsas cremosas.

¡Esperemos que la princesa no haya derramado la salsa sobre los volantes de su precioso vestido!

MAFALDAS CON VERDURAS ASADAS

FÁCIL	4 PERSONAS	PREPARACIÓN: 15 MIN	COCCIÓN: 25-30 MIN

¿Preparado para una elegante cena de cintas con volantes? Asa unas verduras en el horno mientras cueces las mafaldas y mézclalo todo *presto* (rápido). *Buon appetito!*

900 g de tomates cherry o pera
1 pimiento rojo grande despepitado y en dados
1 pimiento amarillo grande despepitado y en dados
1 cebolla roja en rodajas finas
3 dientes de ajo sin pelar
½ cucharadita de orégano seco
5 cucharadas de aceite de oliva
sal y pimienta
350 g de mafaldas
100 g de judías verdes sin las puntas y cortadas por la mitad
1 puñado de hojas de albahaca
4 cucharadas de queso parmesano (parmigiano reggiano) rallado

NOTA

- Los veganos pueden utilizar un queso curado vegano en vez de parmesano.

O PRUEBA ASÍ

- Utiliza rigatoni (ver pág. 20), plumas (ver pág. 28) o ziti (ver pág. 76) en vez de mafaldas.
- En vez de albahaca, añade perejil picado.
- Rocía la pasta con pesto antes de servirla.

1 Precalienta el horno a 200 °C.

2 Coloca los tomates, los pimientos, la cebolla roja y los dientes de ajo en una bandeja de horno. Esparce el orégano por encima y vierte el aceite de oliva. Salpimienta y remueve con una cuchara.

3 Hornea las verduras 25-30 minutos hasta que estén hechas (ver consejo). Aplasta los tomates con una cuchara de madera o una espátula de silicona para que suelten su jugo. Estruja los ajos para quitarles la piel.

4 Mientras, lleva a ebullición una cazuela con agua salada. Añade las mafaldas y cuécelas según las instrucciones del paquete. Unos 4 minutos antes del final del tiempo de cocción indicado, agrega las judías y prosigue con la cocción.

5 Vierte con cuidado uno o dos cucharones del agua de cocción de la pasta en un bol y resérvala. Coloca un escurridor en el fregadero y vierte la pasta y las judías cocidas para escurrirlas.

6 Añade la pasta cocida, las judías y la albahaca a las verduras asadas, junto con 2 cucharadas del agua de la pasta. Remueve bien para cubrir la pasta.

7 Reparte la pasta en 4 platos o boles y sírvela con el parmesano rallado por encima.

CONSEJO

Las verduras deben quedar muy blandas para que puedas aplastarlas y preparar una salsa para la pasta.

RADIATORI

LA HISTORIA DE

LOS RADIATORI

¿Sabías que en el motor de un coche hay una pieza que se llama radiador? En ella precisamente se fijaron los creadores de los *radiatori* cuando inventaron esta pasta. Imagínate que diseñaran también *motori* (con forma de motor). ¡Este coche de pasta estaría listo para derrapar!

Muchas de las pastas de este libro existen desde hace cientos de años y se siguen elaborando hoy en día de la misma manera. La llegada de las máquinas de vapor en el siglo XIX hizo que la fabricación de la pasta fuera más sencilla y menos costosa.

Pero algunas de estas formas no podrían haberse hecho antes, porque las ideas e inventos que las inspiraron son bastante recientes. Es el caso de los *radiatori* («radiadores»), los *ruote* («ruedas») y los *dischi volanti* («platillos volantes»).

Para algunos, los *radiatori* se inspiraron en la elegante parrilla delantera de los automóviles Bugatti. Para otros, pretendían parecerse a los radiadores de las casas de la década de 1960. En cualquier caso, se han convertido en uno de los tipos de pasta que más gustan en todo el planeta.

Esto se debe tanto a su aspecto como a su textura. Además, retienen perfectamente la salsa (y ya sabes que esa es una de las razones por las que algunas formas han perdurado durante muchos siglos).

Como los *radiatori* son un invento relativamente reciente y no proceden de una sola región, no hay una forma específica de prepararlos. ¡Así que prueba y crea tu propia versión!

Una fría tarde de invierno, cuando necesites algo para calentar motores, ¿qué puede haber mejor que unos *radiatori* con los cilindros repletos de salsa?

RADIATORI CON SALCHICHAS, TOMATE Y QUESO FETA

FÁCIL	4 PERSONAS	PREPARACIÓN: 10 MIN	COCCIÓN: 25 MIN

Los *radiatori* están diseñados para recoger y mantener las salsas en sus cilindros. Este plato, sencillo y riquísimo, con salchichas, tomates y queso feta desmenuzado, te pondrá a cien por hora.

3 cucharadas de aceite de oliva
1 cebolla picada
2 dientes de ajo machacados
4 salchichas de cerdo (ver nota y consejo)
½ cucharadita de semillas de hinojo
800 g de tomate triturado en conserva
2 cucharadas de pasta de tomate
1 cucharadita de azúcar
400 g de radiatori
75 g de aceitunas negras sin hueso cortadas por la mitad
sal y pimienta
200 g de queso feta desmenuzado
unas ramitas de perejil picado

NOTA

- Para una versión vegetariana, utiliza salchichas vegetales.

O PRUEBA ASÍ

- Sustituye los radiatori por plumas rayadas (ver pág. 28) o espirales (ver pág. 36).
- Añade tomates pera o cherry frescos y aplástalos en la salsa.

1 Calienta a fuego medio-bajo el aceite de oliva en una sartén. Añade la cebolla y el ajo y sofríelos, removiendo de vez en cuando con una cuchara de madera, 6-8 minutos hasta que se ablanden pero no tomen color.

2 Mientras, con un cuchillo afilado, haz un corte a lo largo de cada salchicha, retira la piel y deséchala.

3 Incorpora las semillas de hinojo y cuécelas durante 1 minuto. Añade las salchichas, presionándolas suavemente con la cuchara o una espátula de silicona para deshacerlas. Fríelas 5 minutos, removiendo de vez en cuando, hasta que empiecen a dorarse.

4 Añade el tomate en conserva, la pasta de tomate y el azúcar y remueve bien. Sube el fuego y cuécelo a fuego medio 10 minutos o hasta que la salsa se reduzca y espese.

5 Mientras, lleva a ebullición una cazuela con agua salada. Echa los *radiatori* y cuécelos según las instrucciones del paquete. Coloca un escurridor en el fregadero y vierte la pasta para escurrirla bien.

6 Incorpora las aceitunas. Salpimienta la salsa de tomate (no demasiada sal, ya que el queso feta y las aceitunas son salados).

7 Echa los *radiatori* en la sartén y mézclalos bien con la salsa de tomate. Añade el queso feta desmenuzado y remueve.

8 Reparte la pasta en 4 platos y esparce el perejil. Sírvela.

CONSEJO

Puedes utilizar cualquier salchicha picante o sin picar, o incluso de jabalí o venado.

ESPAGUETIS

LA HISTORIA DE

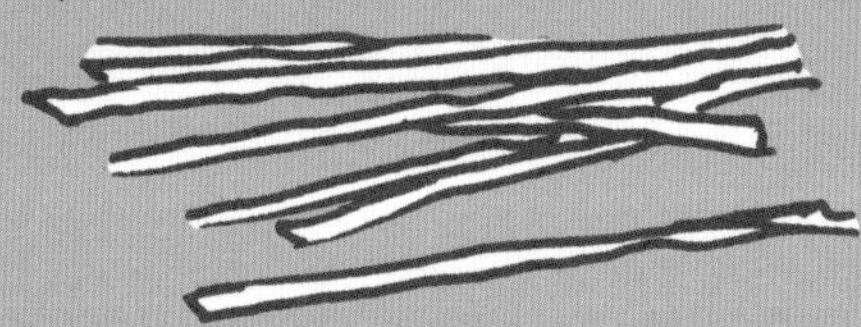

LOS ESPAGUETIS

¿Te gustarían menos los espaguetis si te dijera que su nombre, en italiano, significa «cuerda larga y fina»? Por otra parte, *vermicelli* (fideos finos) significa «gusanitos». En algunos países, los gusanos son un aperitivo muy apreciado. Pero ¿comer cuerdas? ¡Eso sí que es RARO!

¿Y si te dijera que los espaguetis crecen en árboles hasta que alcanzan la longitud perfecta? Eso es lo que creyó mucha gente cuando la BBC inglesa informó en 1957 sobre la cosecha de espaguetis de ese año el Día de los Inocentes. Algunos incluso llamaron para preguntar dónde podían comprar árboles de espaguetis. La BBC les contestó que plantaran un espagueti en una lata de salsa de tomate y esperaran sentados a que creciera.

TODO el mundo ha comido espaguetis (*spaghetti*, en italiano) al menos una vez en la vida. Pero solo algunos han probado los *ramen*, *soba* o *udon*, que son bastante parecidos. Y eso es porque los espaguetis fueron uno de los primeros fideos que llegaron a Europa, procedentes, parece ser, de China u Oriente Medio.

También son uno de los tipos de pasta más versátiles que existen. Se pueden servir con albóndigas (esto es más yanqui que italiano), salsa boloñesa (tomate y carne picada, ver pág. 49), a la carbonara (con huevos, queso y *guanciale*, ver pág. 106) o con lo que más te guste. Los italianos incluso utilizan restos de espaguetis para hacer *frittata* de espaguetis, una deliciosa tortilla con huevos, queso parmesano y mantequilla.

Un consejo: todos estos platos saben MUCHÍSIMO mejor si utilizas espaguetis en vez de cuerdas... ¡aunque quieran decir lo mismo en italiano!

ESPAGUETIS CON ALBÓNDIGAS

FÁCIL	4 PERSONAS	PREPARACIÓN: 15 MIN	COCCIÓN: 30-35 MIN

¡Ojalá existieran los árboles de espaguetis! A casi todo el mundo le encantan los espaguetis y las albóndigas. ¿Te sorprende si te digo que son mucho más fáciles y rápidos de preparar de lo que crees? ¿Sí? ¡Pues así es! ¡Compruébalo por ti mismo!

ALBÓNDIGAS

500 g de ternera picada fina (no demasiado magra, ver notas)
25 g de migas de pan blanco tierno
50 g de queso parmesano (parmigiano reggiano) rallado
3 dientes de ajo machacados
1 cebolla pequeña rallada (ver consejo)
1 huevo
1 puñado de perejil picado fino
1 cucharadita de sal marina
pimienta
4 cucharadas de aceite de oliva

SALSA Y PASTA

4 cucharadas de aceite de oliva
800 g de tomate triturado en conserva
180 ml de agua
400 g de espaguetis
queso parmesano (parmigiano reggiano) rallado, para espolvorear

NOTAS

- Utiliza carne con algo de grasa para que ligue mejor y aporte más sabor.
- Puedes congelar las albóndigas crudas hasta 1 mes.

O PRUEBA ASÍ

- Puedes utilizar puré de tomate en vez de tomate triturado.
- Sustituye el cheddar por parmesano.
- Utiliza linguine (ver pág. 136), tallarines (ver pág. 48) o fettuccine en vez de espaguetis.

1 Para preparar las albóndigas, mezcla todos los ingredientes en un bol, con las manos, y remuévelo bien.

2 Toma un poco de la mezcla y, con las manos, haz una bola (un poco más grande que una nuez y más pequeña que una pelota de golf). Repite la operación con la mezcla restante. Obtendrás 16-20 albóndigas.

3 Para preparar la salsa, calienta a fuego medio el aceite de oliva en una sartén. Añade la mitad de las albóndigas y fríelas 2-3 minutos, hasta que estén bien doradas. Dales la vuelta con una cuchara de madera y dóralas 2-3 minutos por el otro lado. No te preocupes si quedan un poco crujientes, añadirán textura y sabor.

4 Con una espumadera, pasa las albóndigas a un plato (no las escurras sobre papel de cocina). Repite la operación con las albóndigas restantes.

5 Para preparar la salsa y la pasta, coloca de nuevo las albóndigas en la sartén, añade el tomate triturado y el agua. Cuécelas a fuego lento 20 minutos hasta que la salsa se reduzca y espese. Sazona al gusto.

6 Mientras, prepara la pasta. Lleva a ebullición una cazuela con agua salada. Echa los espaguetis y cuécelos según las instrucciones del paquete. Coloca un escurridor en el fregadero y vierte la pasta para escurrirla.

7 Añade los espaguetis a la sartén y mézclalos bien con una cuchara. Repártelos en 4 boles o platos y esparce el parmesano rallado por encima. Sírvelos de inmediato.

CONSEJO

Ten cuidado al rallar la cebolla y no tengas prisa. Pide ayuda a un adulto si lo necesitas. También podrías utilizar una picadora eléctrica, un robot de cocina o una batidora.

PAPPARDELLE

LA HISTORIA DE LOS PAPPARDELLE

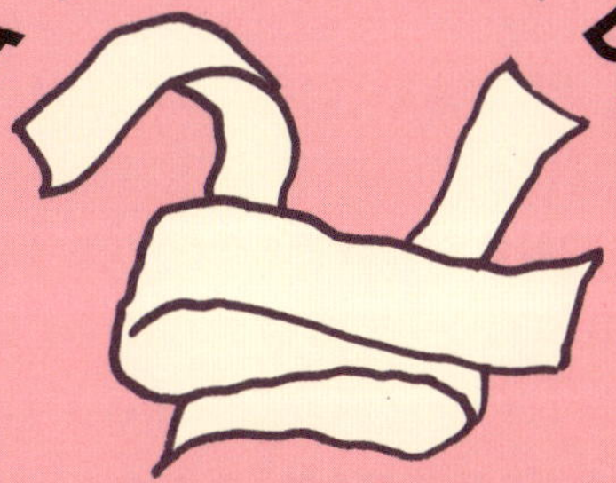

¡Arriba! Es tu primer día en la granja. Has ordeñado las vacas, echado de comer a las gallinas y recogido los huevos. Ahora toca dar de comer a los cerdos. Llevas la pesada carretilla hasta donde están, vuelcas su desayuno en el comedero y lo engullen en cuestión de segundos. ¿Por qué? ¡Porque son *pappardelle*!

La palabra *pappardelle* viene de *pappare*, que significa «devorar» (en este caso, «comer como un cerdo», con perdón). Es también un tipo de pasta plana cortada en tiras anchas de 2,5 cm. Según los expertos, los *pappardelle* se remontan al siglo XIV. Antiguamente se elaboraban en el campo con castañas o harina de castañas, sin huevo. La anchura de la pasta es muy importante. Si son demasiado finos, serían tallarines (ver pág. 48) y, si fueran más finos todavía, ¡*fettuccine*, *bavette* o *tagliolini*!

Los *pappardelle* se preparan sobre todo en invierno. En la Toscana, se sirven con salsas espesas elaboradas con productos de temporada, como setas o ragú de jabalí (el ragú es una salsa con carne). Y, en la región italiana de Montefeltro, con liebre y chocolate (sí, sí, ¡con chocolate!). Hay incluso un tipo de *pappardelle* con los bordes rizados llamado *pappardelle ricce* (recuerda que *ricce* significa «rizado»).

En Verona, los *pappardelle* se comen el día de San Zenón, el patrón de la ciudad, con un ragú de pato. Y, en la época medieval, se cocinaban en un caldo que se espesaba con sangre (sí, sí, ¡con sangre!).

Como ves, existen un montón de formas sorprendentes de comer *pappardelle*. También puedes prepararlos, simplemente, con salsa de tomate o con mantequilla y queso. Los tomes con lo que los tomes, ¡no olvides tus modales!

PAPPARDELLE CON TOMATES ASADOS

FÁCIL	4 PERSONAS	PREPARACIÓN: 10 MIN	COCCIÓN: 25-30 MIN

La burrata es un delicioso queso fresco de textura muy suave, semejante a la mantequilla que le da nombre, elaborado con mozzarella y nata. Cuando la cortas, ¡resulta imposible parar de comer! Esta receta es perfecta para los calurosos días de verano.

1 cebolla roja pequeña en rodajas finas
4 dientes de ajo sin pelar
500 g de tomates cherry o pera
2 ramitas de tomillo, solo las hojas
5 cucharadas de aceite de oliva
sal y pimienta
1 cucharadita de vinagre balsámico (opcional)
350 g de pappardelle
el zumo de ½ limón
250 g de burrata cortada por la mitad o en cuartos
hojas de albahaca, para adornar

O PRUEBA ASÍ

- Utiliza minibolas de burrata o mozzarella.
- Sustituye los pappardelle por tallarines (ver pág. 48) o fettuccine.

1 Precalienta el horno a 200 °C.

2 Coloca la cebolla, el ajo y los tomates en una bandeja de horno. Esparce las hojas de tomillo por encima y rocíalo con el aceite de oliva. Salpimienta.

3 Hornea las verduras 25-30 minutos hasta que la cebolla esté blanda y los tomates se hayan ablandado y empiecen a caramelizarse. Aprieta los dientes de ajo para retirarlos de las pieles (tirando de ellas) y rocía el vinagre balsámico (si utilizas) sobre los tomates.

4 Mientras, lleva a ebullición una cazuela con agua salada. Añade los *pappardelle* y cuécelos según las instrucciones del paquete. Coloca un escurridor en el fregadero y vierte la pasta para escurrirla.

5 Añade la pasta a la mezcla de tomate y remuévela con una cuchara hasta que se impregne bien. Exprime el zumo de limón por encima y sazona al gusto. Repártela en 4 boles o platos.

6 Coloca la burrata encima de la pasta. Esparce las hojas de albahaca y añade un poco de pimienta negra molida. Sírvela.

ESTRELLITAS

LA HISTORIA DE

LAS ESTRELLITAS

La próxima vez que mires al cielo por la noche y veas una estrella fugaz, pide un deseo. Vuelve a mirar. Puede que algunas hayan desaparecido. ¡Quizá hayan caído en tu bol de pasta! Podrían ser *stelline*, que significa, precisamente, «estrellitas».

Estas diminutas formas de pasta existen desde el siglo XVI (aunque entonces aquella versión era dulce, no salada). Como en esa época no había máquinas para hacer pasta, estas diminutas estrellas se hacían a mano. ¿Te imaginas tener que recortar cada una de ellas? ¿Tendrías tú tanta paciencia? La producción industrial de pasta tardó aun en generalizarse varios cientos de años. Cada estrellita tiene un pequeño agujero en el centro, por lo que se cuecen muy rápido y se sirven en caldos y sopas.

Esta pasta también se conoce como *stellettine*, *astri* («astros», otra palabra para «estrellas»), *fiori di sambuco* («flor de saúco», que tiene forma de estrella) o *avemarie*, porque se cocinan en lo que se tarda en rezar un «Ave María». Como muchos otros tipos de pasta, las hay de diferentes tamaños. *Stelle* es una versión un poco mayor y *stellone*, la más grande. Pero todas pertenecen a las *pastine* («pastas para sopa»), el tipo de pasta más pequeño que existe.

Sean del tamaño que sean, ¡seguro que están mejor que las estrellas fugaces!

SOPA DE ESTRELLITAS CON POLLO

FÁCIL	4-6 PERSONAS	PREPARACIÓN: 15 MIN	COCCIÓN: 30 MIN

¡Esta nutritiva sopa brilla con luz propia! Lleva trocitos de pollo asado (puedes utilizar sobras, si lo deseas), abundantes verduras y hierbas aromáticas. Por cierto, sabe aún mejor al día siguiente.

2 cucharadas de aceite de oliva
4 zanahorias en dados
3 tallos de apio en dados
2 dientes de ajo machacados
1 cebolla en dados
1,2 litros de caldo de pollo caliente (ver consejo)
2 hojas de laurel
1 cucharadita de orégano seco
300 g de pollo asado sin piel y cortado en tiras
300 g de guisantes congelados
115 g de pasta de estrellitas
200 g de hojas de espinacas tiernas
1 puñado de perejil picado
el zumo de ½ limón
sal y pimienta
pan crujiente o galletas saladas, para servir

NOTAS

- Para una versión vegetariana o vegano, elimina el pollo y utiliza caldo vegetal. Sustituye el pollo por alubias blancas en conserva o unos dados de tofu.
- Las sobras pueden guardarse en el frigorífico hasta tres días.

O PRUEBA ASÍ

- Utiliza fideos finos, pasta de letras (ver pág. 32) o incluso espaguetis (ver pág. 88) en vez de estrellitas.
- Utiliza guisantes frescos en vez de congelados o espinacas congeladas en vez de frescas.

1. Calienta a fuego medio-bajo el aceite en una sartén. Echa las zanahorias, el apio, el ajo y la cebolla y sofríelos, removiendo de vez en cuando con una cuchara de madera, 6-8 minutos hasta que se ablanden pero no tomen color.

2. Añade el caldo de pollo caliente y las hierbas y cuécelo a fuego lento 15 minutos.

3. Agrega el pollo asado, los guisantes y las estrellitas. Cuécelo a fuego lento 6-8 minutos hasta que los guisantes estén tiernos y la pasta *al dente* (cocida pero aún un poco firme).

4. Añade las espinacas y cuécelas 1-2 minutos hasta que se empiecen a poner mustias y adquieran un color verde brillante. Agrega el perejil y el zumo de limón. Salpimienta al gusto.

5. Reparte la sopa en platos y sírvela caliente con pan crujiente o galletas saladas.

CONSEJO

Para conseguir una sopa realmente magnífica, utiliza caldo de pollo casero o de la mejor calidad posible.

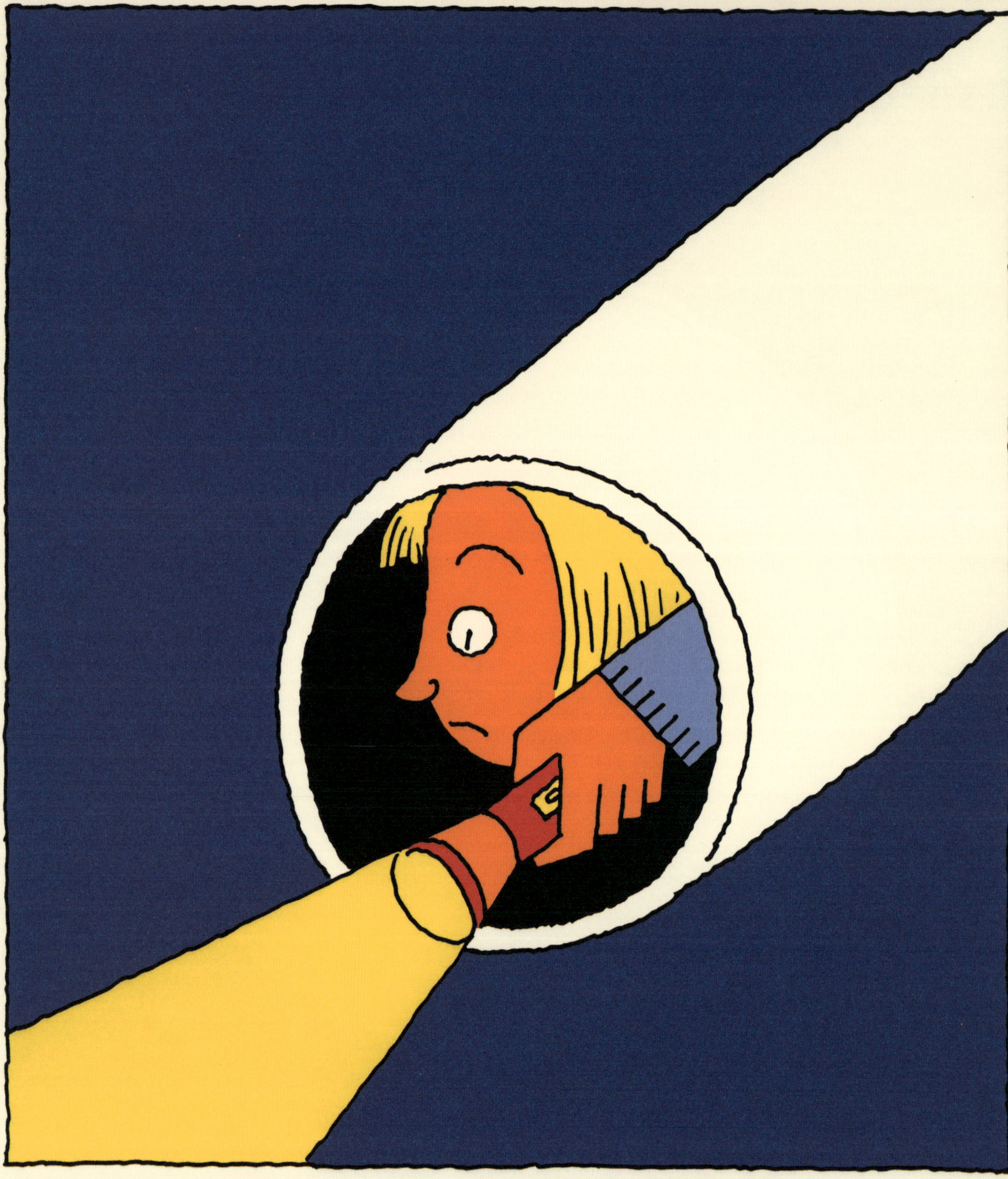

BUCATINI

LA HISTORIA DE

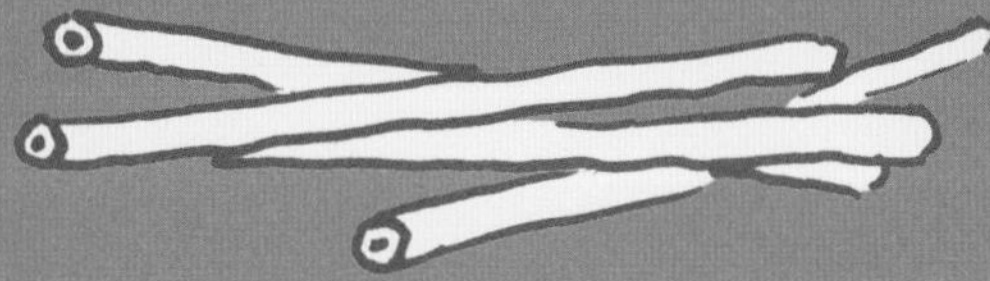

LOS BUCATINI

Te has pasado todo el día arrastrándote por un largo tubo de pasta. Tienes mucho calor y no puedes más, pero, por fin, ves la luz al final del túnel. De repente, alguien te dice: «¡Rápido, lávate las manos! ¡La cena está lista! ¡Hoy hay *bucatini*!».

Buco significa «agujero» en italiano. Los *bucatini* son largos, como los espaguetis, pero huecos. Como muchas otras pastas, tienen nombres diferentes según la región. En el sur, por ejemplo, se llaman *perciatelli*, del napolitano *perciato* («agujereado»).

Aunque probablemente se inventaron en el sur, los *bucatini* son muy populares en Roma y se utilizan en muchas recetas de pasta romana, como la carbonara (ver pág. 106), la amatriciana (ver pág. 102) y el *cacio e pepe*. A Gioachino Rossini, el compositor de la ópera *El barbero de Sevilla*, le gustaban tanto que mandó fabricar una jeringuilla con mango de plata solo para rellenarlos con hígado de ganso.

Los *bucatini* tienen un agujero porque así es como se hacían originalmente. Se enrollaba un trozo de masa alrededor de un junco o de una varilla metálica fina, llamada *ferretto*, y se estiraba. Al retirarlo, la pasta quedaba con un agujero en el centro. Este agujero permite que la pasta gruesa se cueza de manera más uniforme por dentro y por fuera. De lo contrario, cuando el exterior terminara de cocinarse, el interior seguiría duro. Los *bucatini* se sirven con salsas espesas y cremosas, que se quedan en su interior y actúan casi como una pajita. ¡Te permiten sorber la salsa!

Hablando de pajitas... California prohibió hace poco el uso de pajitas de plástico porque son malas para el medio ambiente. ¿Sabes que hizo un restaurante de Malibú? ¡Empezó a utilizar *bucatini* en su lugar! (¡Crudos, por supuesto!)

¡Es hora de volver a la faena! Ya casi has terminado de cavar el túnel a través de tu tubo de pasta. ¡Cuidado con ese montón de salsa que se te viene encima!

BUCATINI A LA AMATRICIANA

BASTANTE FÁCIL	4 PERSONAS	PREPARACIÓN: 10 MIN	COCCIÓN: 20-25 MIN

Esta pasta está cuidadosamente diseñada para atrapar la deliciosa salsa de sus tubos. El secreto de la receta reside en la calidad de los ingredientes, así que intenta encontrar *guanciale* y queso pecorino romano del bueno para conseguir realmente un sabor auténtico.

225 g de guanciale o panceta en dados pequeños o en tiras
50 ml de vino blanco
800 g de tomate triturado en conserva
1 pizca de copos de guindilla (opcional)
400 g de bucatini
125 g de queso pecorino romano rallado
sal y pimienta

O PRUEBA ASÍ

- Utiliza espaguetis (ver pág. 88) o rigatoni (ver pág. 20) en vez de bucatini.
- Si no tienes pecorino romano, sustitúyelo por parmesano rallado.
- Utiliza 450 g de tomates maduros picados en vez de tomates de lata.

1 Calienta a fuego medio-bajo una sartén y echa el *guanciale* o la panceta. Sofríelo, dándole la vuelta de vez en cuando con unas pinzas, 8-10 minutos hasta que la grasa se vuelva translúcida y se esparza por la sartén y las tiras estén doradas y crujientes.

2 Forra un plato con papel de cocina. Retira la mitad del *guanciale* o la panceta con una espumadera y déjalo escurrir. Con mucho cuidado, pasa la mayor parte de la grasa de la sartén a un bol (ver consejo).

3 Vierte el vino en la sartén. Llévalo a ebullición y déjalo que hierva hasta que se evapore. Añade los tomates y los copos de guindilla (si utilizas). Sube el fuego y llévalo a ebullición, después baja el fuego. Cuécelo a fuego lento, removiendo de vez en cuando con una cuchara de madera, 10-15 minutos hasta que la salsa espese. Salpimienta al gusto (no utilices demasiada sal, ya que el queso pecorino es salado).

4 Mientras, lleva a ebullición una cazuela con agua salada. Añade los *bucatini* y cuécelos según las instrucciones del paquete. Coloca un escurridor en el fregadero y vierte la pasta para escurrirla.

5 Retira la sartén del fuego y añade la pasta a la salsa junto con la mitad del queso rallado. Mezcla bien con una cuchara de madera hasta que los *bucatini* estén cubiertos de salsa.

6 Repártelos en 4 platos o boles y esparce el queso restante y el *guanciale* crujiente o la panceta reservados por encima.

CONSEJO

Conserva la grasa para cocinar otros alimentos, ya que está riquísima, o deja que se enfríe y se solidifique y deséchala.

MEZZE MANICHE

LA HISTORIA DE

LOS MEZZE MANICHE

¿Te puedes creer que, antaño, la gente llevaba camisetas con mangas hechas de pasta *mezze maniche* (*mezze maniche* significa «media manga») para que, si les entraba el hambre, tuvieran algo que picar?

Los *mezze maniche* son, en realidad, un trozo de pasta *rigatoni* (ver pág. 20) cortado por la mitad. Así que, supongo que a los *rigatoni* se les puede llamar «pasta de manga larga». Típicos del norte de Italia, en Piacenza, la receta típica de Nochebuena es *mezze maniche dei frati* («mangas de fraile»). La masa de pasta se extiende en forma de rectángulo, se enrolla alrededor de un relleno de salchicha, se corta y se cuece en un caldo.

Seguro que has oído hablar de los espaguetis a la carbonara (pasta con huevo y beicon). En Italia, la carbonara no se hace con espaguetis sino con *mezze maniche*. Algunos creen que la carbonara procede de un plato que preparaban los productores de carbón (*carbone*) vegetal de las montañas. Cocinaban el plato sobre un fuego de carbón de leña y utilizaban *mezze maniche* en lugar de espaguetis porque era más fácil mezclarlos con el huevo y el queso.

Otra teoría dice que los soldados estadounidenses destinados en Roma durante la Segunda Guerra Mundial combinaron beicon y huevo con queso cacio y espaguetis y crearon un plato nuevo.

Al ser una pasta «de manga corta», como bien dice su nombre, algunos italianos creen que representa el verano y que está mejor con recetas ligeras. Por supuesto, si fuera «de manga larga», esas mismas personas pensarían que parece de invierno, ¡sobre todo si la comen con salsa carbonara, que calienta el estómago!

MEZZE MANICHE A LA CARBONARA

BASTANTE FÁCIL	4 PERSONAS	PREPARACIÓN: 5 MIN	COCCIÓN: 10-15 MIN

Los *mezze maniche* pueden ser lisos o rayados. En este plato romano, el *guanciale* (papada de cerdo, parecido a la panceta) se cuece a la vez que la pasta, por lo que se puede preparar en menos que canta un gallo. Muy importante: ¡no se te ocurra cocinar los huevos!

250 g de guanciale en dados pequeños o en tiras
400 g de mezze maniche
2 huevos
3 yemas de huevo (ver consejos)
100 g de queso pecorino romano o parmesano (parmigiano reggiano) rallado (o una mezcla de ambos), y un poco más para espolvorear
sal y pimienta

O PRUEBA ASÍ

- Si no puedes conseguir guanciale, utiliza panceta en dados o tiras en su lugar.
- Puedes utilizar rigatoni (ver pág. 20), paccheri (ver pág. 120) o incluso espaguetis (ver pág. 88).

1 Calienta a fuego medio una sartén. Añade el *guanciale* y sofríelo, removiendo de vez en cuando con una cuchara de madera, unos 4-5 minutos o hasta que la grasa se derrita y la carne esté dorada y crujiente (ver consejos). Retira la sartén del fuego.

2 Mientras, lleva a ebullición una cazuela con agua salada. Añade los *mezze maniche* y cuécelos según las instrucciones del paquete. Vierte con cuidado uno o dos cucharones del agua de cocción de la pasta en un bol y resérvala. Coloca un escurridor en el fregadero y vierte la pasta para escurrirla.

3 Mientras, mezcla los huevos con las yemas en un bol. Añade el queso rallado y una cantidad generosa de pimienta negra molida (ver consejos). Bate bien la mezcla con un tenedor hasta que espese.

4 Añade la pasta a la sartén y mézclala con el *guanciale*.

5 Retira la sartén del fuego y añade rápidamente la mezcla de huevo y queso. Agrega suficiente agua de la pasta reservada para obtener una salsa cremosa y homogénea, que cubra la pasta. Salpimienta al gusto.

6 Pásala a 4 boles y sírvela de inmediato, con más queso esparcido por encima.

CONSEJOS

Para separar un huevo, golpea suavemente el centro del huevo contra el borde de un bol para romper la cáscara y abre despacio la cáscara para que la clara caiga en el bol mientras mantienes la yema dentro de la cáscara. Vierte la yema en otro bol.

Para freír el *guanciale* (o la panceta), no necesitas aceite. Se harán en su propia grasa.

No añadas sal a la mezcla de huevo y queso, ya que el *guanciale* es bastante salado.

CONCHAS

LA HISTORIA DE

LAS CONCHAS

Llevas todo el día buceando cuando ves a una familia de tritones y sirenas a punto de cenar. ¿Qué comen? Parece que es una ensalada de algas y caramelos de agua salada de postre. Pero en el centro de la mesa tienen... ¡un bol enorme de conchas!

¡Las conchas (*conchiglie*, en italiano) son capaces de contener litros de salsa! Sus rayas permiten, además, que la salsa se adhiera también por fuera.

Están disponibles en tres tamaños: los *conchigliette* («conchitas»), los más pequeños, se suelen utilizar en sopas; los *conchiglie* («conchas») son de tamaño mediano y están deliciosos con salsas espesas o al horno; por último, los *conchiglioni* («conchas jumbo»), resultan excelentes rellenos y horneados. Aunque técnicamente no pertenecen a la familia de los *conchiglie*, también existen unas conchas de pasta gigantes llamadas *caccavelle*. Cada una de ellas es tan grande (9 cm de largo por 6 cm de ancho) que una sola hace las veces de una comida entera. Suelen servirse rellenas de salsa, carne y queso.

Las conchas se comen en toda Italia, pero son más típicas del sur. Esto puede deberse a que se elaboran con trigo duro, que se cultiva principalmente en el sur, donde, además, el clima cálido y poco lluvioso es ideal para secar la pasta, que no se vende fresca.

Sales del agua tiritando y vuelves a la orilla para secarte. ¡Tienes mucha hambre! ¿Qué mejor para terminar el día que un plato de pasta de conchas?

CONCHAS CON SALMÓN AL HORNO

BASTANTE FÁCIL	4 PERSONAS	PREPARACIÓN: 15 MIN	COCCIÓN: 45 MIN

En las conchas de los mares y los océanos puedes encontrar perlas. Y en las de pasta... ¡salsa! Si te gusta el picante o los sabores fuertes, añade a la salsa guindilla, pimentón, pesto, albahaca, eneldo o perejil picados finos.

250 g de conchas
300 g de brócoli limpio y en ramitos
400 g de salmón (4 filetes) sin piel ni espinas en trozos grandes
20 g de panko o pan rallado

SALSA CREMOSA

2 cucharadas de mantequilla, y una más para engrasar
30 g de harina
480 ml de leche
4 filetes de anchoa
100 g de queso parmesano parmigiano reggiano) o cheddar rallado
3 cucharadas de crème fraîche o nata espesa
1 cucharadita de mostaza (opcional)
sal y pimienta

O PRUEBA ASÍ

- Puedes utilizar cualquier tipo de pasta de tamaño mediano, como plumas (ver pág. 28), espirales (ver pág. 36) y lazos (ver pág. 16).
- Utiliza migas de pan tierno en vez de pan rallado.
- Para que la salsa quede más cremosa, añade queso crema blando o mascarpone.

1 Precalienta el horno a 190 °C.

2 Lleva a ebullición una cazuela con agua salada. Echa las conchas y cuécelas según las instrucciones del paquete, pero, 4 minutos antes de que finalice el tiempo de cocción indicado, añade el brócoli y cuécelo con la pasta hasta que esté hecho. Coloca un escurridor en el fregadero y vierte la pasta y el brócoli para escurrirlos.

3 Mientras, prepara la salsa. Derrite a fuego lento la mantequilla en una sartén. Incorpora la harina con una cuchara de madera hasta obtener una pasta blanda (llamada *roux*). Cuécela 2 minutos, removiendo para que no se dore. Empieza a añadir la leche, poco a poco, batiendo entre cada adición, hasta que hayas añadido toda la leche y obtengas una pasta homogénea.

4 Sube el fuego a medio y cuécela 5 minutos, sin dejar de remover, hasta que la salsa espese y cubra el dorso de la cuchara.

5 Añade las anchoas, la mitad del queso, la *crème fraîche* o la nata y la mostaza (si utilizas) y remueve bien. Salpimienta al gusto (cuidado con la sal, ya que las anchoas son bastante saladas). Retira la sartén del fuego y añade la pasta y el brócoli.

6 Engrasa ligeramente con mantequilla una bandeja de horno y dispón el salmón en una sola capa. Vierte la mezcla de pasta y brócoli y esparce el queso rallado restante y el pan rallado por encima. Hornéalo 25-30 minutos hasta que la salsa burbujee y la superficie esté crujiente y dorada. Sírvelo de inmediato.

CONSEJO

Si no dispones de mucho presupuesto para este plato, utiliza 2-3 filetes de salmón y añade más verduras (ramitos de coliflor, puerros en rodajas gruesas, espinacas, champiñones o tomates cherry, por ejemplo) para que el plato abulte un poco más.

DITALINI

LA HISTORIA DE

LOS DITALINI

Cuando busques un dedal en el costurero, no te sorprendas si encuentras un *ditalini* de pasta, porque significa exactamente eso en italiano, «dedal». Y si no estuviera en el costurero, mira en tu caja de manualidades. ¡También les encanta esconderse ahí!

Los *ditalini* son típicos del sur de Italia, sobre todo de la región de Campania. Son perfectos para las sopas *pasta e fagioli* (de pasta y alubias) y minestrone (de legumbres y verduras), pero también para ensaladas y platos al horno o con salsa.

Pueden ser *rigati* («rayados») o *lisci* («lisos»). Los primeros suelen servirse con salsas más espesas y los lisos, en sopas o con salsas más ligeras. Además de poder elegir la textura, puedes escoger el tamaño: *ditaloni* («dedales grandes»), *ditali* («dedales pequeños») y *ditalini* («dedales diminutos»).

Esta pasta, que a veces también se llama *corallini* («corales»), originalmente se llamaba *avemarie e paternostri*, los nombres de los dos tipos de cuentas del rosario. También se conoce como *denti di vecchia* («dientes de vieja») y *denti di cavallo* («dientes de caballo»).

Con los *ditalini* secos se pueden hacer preciosos collares; altérnalos con plumas o *rigatoni* de diferente tamaño y verás que bien quedan. Y, por supuesto, la próxima vez que vayas a coser, no te olvides de que pueden ser de gran ayuda para no pincharte.

DITALINI DE POLLO CON PESTO SICILIANO

BASTANTE FÁCIL	4 PERSONAS	PREPARACIÓN: 15 MIN	COCCIÓN: 15-20 MIN

No todos los tipos de pesto son verdes, como en Génova. Hay muchas variantes, como este pesto siciliano ligeramente crujiente (*pesto alla trapanese*), de color rojo, que se elabora con almendras tostadas y tomates y combina genial con estos dedalitos de pasta.

PESTO SICILIANO

50 g de almendras tostadas (ver consejo)
¼ de cucharadita de sal gruesa
1 manojo grande de albahaca
2 dientes de ajo machacados
225 g de tomates cherry o pera
1 pizca de copos de guindilla (opcional)
4 cucharadas de aceite de oliva
30 g de queso parmesano (parmigiano reggiano) rallado

PASTA

350 g de ditalini
300 g de pollo asado desmenuzado y sin piel
2 cebolletas en rodajas finas (opcional)
30 g de tomates secos picados
unas ramitas de perejil picado
queso parmesano (parmigiano reggiano) rallado, para servir
sal y pimienta

NOTA

- Este pesto se puede conservar en un tarro en el frigorífico 3 días.

O PRUEBA ASÍ

- Utiliza orecchiette (ver pág. 68), macarrones (ver pág. 116), trofie (ver pág. 60) o gomiti (ver pág. 44) en vez de ditalini.
- Para obtener una salsa cremosa, añade un poco de crème fraîche o nata espesa al mezclar la pasta.
- Utiliza albahaca en vez de perejil.

1 Para preparar el pesto siciliano, en una batidora o un robot de cocina, tritura las almendras tostadas con una pizca de sal marina hasta que parezcan pequeños granos de arroz. Añade las hojas de albahaca, el ajo, los tomates y los copos de guindilla (si utilizas).

2 Con el motor en marcha, vierte el aceite de oliva poco a poco y bate hasta obtener una textura homogénea pero un poco rugosa.

3 Pásalo a un bol e incorpora el parmesano rallado. Corrige la sazón al gusto, si es necesario.

4 Para preparar la pasta, lleva a ebullición una cazuela con agua salada. Echa los *ditalini* y cuécelos según las instrucciones del paquete. Vierte con cuidado uno o dos cucharones del agua de la pasta en un bol y resérvala. Coloca un escurridor en el fregadero y vierte la pasta para escurrirla.

5 Echa la pasta escurrida en la sartén. Añade el pesto siciliano, el pollo desmenuzado, las cebolletas (si utilizas) y los tomates secos y remueve bien con una cuchara. Añade un poco del agua de la pasta reservada, si la salsa te parece demasiado espesa. Comprueba la sazón. Repártela en boles y esparce el perejil y parmesano rallado por encima. Sírvela.

CONSEJO

Para tostar almendras, pon las almendras sin cáscara en un bol y cúbrelas con agua hirviendo. (Pide a un adulto que vierta el agua hirviendo sobre las almendras.) Déjalas reposar 5-10 minutos, hasta que se enfríen lo suficiente para poder manipularlas y retírales la piel. Calienta a fuego medio una sartén antiadherente y añade las almendras. Fríelas, dándoles la vuelta de vez en cuando, 2-3 minutos o hasta que estén doradas y desprendan un delicioso olor a nuez. Retíralas de inmediato.

MACARRONES

LA HISTORIA DE

LOS MACARRONES

Los macarrones (*maccheroni* en italiano) son una pasta muy misteriosa. Algunos dicen que su forma es ondulada, otros que recta, y existen muchas teorías sobre su nombre. Además, el plato de macarrones más célebre, ¡ni lleva macarrones... ni es italiano!

Los macarrones con queso son quizá el plato de pasta más famoso del planeta. Bueno, después de los espaguetis con albóndigas. Pero, espera. ¿Alguno de esos platos son italianos? ¡No! Ambos surgieron en Estados Unidos. De hecho, en Italia, los macarrones no tienen forma curva, esos son los *gomiti* (ver pág. 44). Son rectos. Así que los macarrones con queso deberían llamarse, más bien, *gomiti* con queso.

¿Y el nombre? En el siglo XVIII, los napolitanos pasaron a ser conocidos como *mangiamaccheroni* («comedores de macarrones») por la gran cantidad de pasta que comían. En 1785 había 280 tiendas de pasta en Nápoles y era la comida preferida de *los lazzaroni* (la gente de la calle), que sostenían largas tiras de pasta y las deslizaban, sin masticar, por la garganta para deleite de los turistas.

He aquí algunas teorías sobre el origen del término *maccheroni*. Algunos creen que procede de *macchare*, que significa «cortar con una cuchilla o un cuchillo», ya que las primeras tiras planas de masa (la forma de los primeros macarrones) se cortaban con una cuchilla.

O podría proceder del griego *makaria*, que significa «alimento de los bienaventurados», y parece que se consumía principalmente durante los banquetes fúnebres. También existe la teoría de que el nombre se inventó cuando una persona recibió una cuenta muy elevada por un simple plato de pasta y dijo: *Molto buoni ma... caroni* («Muy buenos, pero caros»).

¿Cuál es el origen REAL de la palabra? ¿Y su forma? Para ser una pasta tan popular, esto debería estar YA resuelto, pero no... ¡Lo único seguro es que tienen forma de tubo!

MACARRONES CON QUESO

BASTANTE FÁCIL	4 PERSONAS	PREPARACIÓN: 15 MIN	COCCIÓN: 30-35 MIN

A ver, nosotros sabemos que son *gomiti* con queso (ver página anterior), pero lo que importa es que están para chuparse los dedos. Para hacer la receta más italiana, hemos cambiado el cheddar por parmesano y taleggio y añadido unas saludables espinacas y un poco de panceta crujiente.

PASTA

350 g de macarrones
200 g de espinacas lavadas y en trozos grandes (ver consejo)
150 g de queso parmesano (parmigiano reggiano) rallado
100 g de taleggio en dados
6 lonchas finas de panceta o jamón serrano desmenuzadas o picadas
2 cucharadas de migas de pan blanco tierno (opcional)
ensalada verde crujiente, para servir

SALSA BESAMEL

3 cucharadas de mantequilla, y un poco más para engrasar
4 cucharadas de harina
600 ml de leche caliente
nuez moscada recién rallada
sal y pimienta

O PRUEBA ASÍ

- Puedes utilizar cualquier tipo de pasta pequeña o mediana, como ditalini (ver pág. 112), plumas (ver pág. 28), espirales (ver pág. 36) o gomiti (ver pág. 44).
- Utiliza lonchas extrafinas de beicon magro en vez de panceta.
- Puedes usar cheddar rallado en vez de parmesano o bel paese, fontina o brie en vez de taleggio.

1 Precalienta el horno a 180 °C.

2 Para preparar la pasta, lleva a ebullición una cazuela con agua salada. Echa los macarrones y cuécelos según las instrucciones del paquete.

3 Escurre la pasta en un escurridor y ponla de nuevo en la cazuela caliente junto con las espinacas. Remueve bien, tapa la cazuela y resérvala hasta que las espinacas comiencen a marchitarse.

4 Mientras, prepara la salsa besamel. Derrite a fuego lento la mantequilla en una sartén. Incorpora la harina con una cuchara de madera hasta obtener una pasta fina (llamada *roux*). Cuécela 2 minutos, removiendo para que no se dore. Añade la leche, poco a poco, batiendo con unas varillas entre cada adición hasta obtener una textura homogénea.

5 Sube el fuego a medio y cuece 5 minutos, sin dejar de remover, hasta que la salsa espese y cubra el dorso de la cuchara. Añade un poco de nuez moscada rallada y salpimienta al gusto.

6 Retira la sartén del fuego e incorpora tres cuartas partes del parmesano rallado junto con la pasta y las espinacas.

7 Unta generosamente con mantequilla una bandeja de horno. Vierte la mezcla de pasta, añade el taleggio en dados y esparce la panceta o el jamón serrano y el parmesano restante por encima. Hornéalo 10 minutos.

8 Añade las migas de pan (si utilizas) y hornéalo otros 10 minutos hasta que la superficie esté crujiente y dorada. Sírvelo caliente con una ensalada verde crujiente.

CONSEJO

Puedes utilizar hojas de espinacas tiernas o espinacas congeladas en vez de frescas. Añádelas a la pasta al final de la cocción o mézclalas con la salsa besamel.

PACCHERI

LA HISTORIA DE

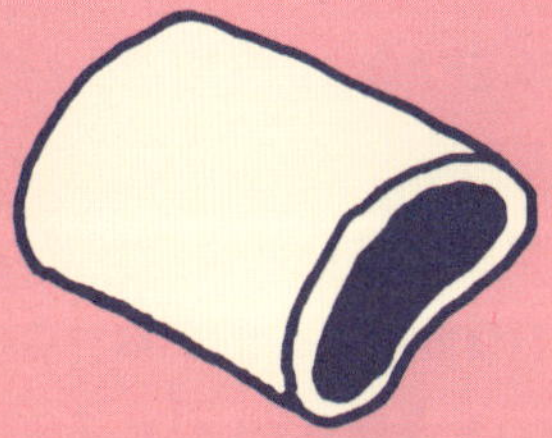

LOS PACCHERI

¡ZAS! ¡PAF! ¡ZAS! ¡PAF! Ese es el sonido que hacen los *paccheri* al sumergirse en el bol y golpear la salsa para mezclarse con ella.

En dialecto napolitano, ¡una *pacca* es una «bofetada»! Y, en italiano, la palabra para «bofetada» es *schiaffo,* así que los *paccheri* también se llaman *schiaffoni.* Algunos dicen que el nombre alude al sonido que la pasta hace al mezclarse con la salsa; otros afirman que cuando te metes esos trozacos de pasta en la boca, ¡es como si te dieran una bofetada en la cara!

Cuenta la leyenda que estos tubos de pasta tan anchos se inventaron en el siglo XVII para pasar de contrabando dientes de ajo desde Italia hasta Austria a través de los Alpes. Los ricos aristócratas austriacos y húngaros preferían el ajo italiano porque sus dientes eran más grandes y tenían más sabor. Para proteger a los productores austriacos, se prohibió la importación de ajo italiano.

¿Qué hicieron los productores italianos? Se dice que diseñaron los *paccheri* para poder esconder cuatro dientes de ajo por tubo. Funcionó tan bien que la producción austriaca de ajo se hundió y el Gobierno austrohúngaro nunca llegó a entender cómo entraba el ajo italiano en el país.

La próxima vez que quieras hacer mucho ruido en la mesa (o si no te gusta el ajo y quieres sacarlo a escondidas de la cocina), cuece un poco de pasta *paccheri.*

PACCHERI CON SETAS SILVESTRES Y POLLO A LA MILANESA

BASTANTE FÁCIL	4 PERSONAS	PREPARACIÓN: 20 MIN	COCCIÓN: 20-25 MIN

En Italia no se suele servir pollo con pasta, pero lo mejor de cocinar es que puedes crear platos nuevos y deliciosos. Esta receta es mejor en otoño, cuando abundan las setas de temporada. Eso sí, ¡no busques ajos de contrabando escondidos dentro de la pasta!

SALSA DE SETAS

2 cucharaditas de aceite de oliva
250 g de setas silvestres, como boletos, colmenillas, rebozuelos, cremini
2 chalotas picadas finas
2 dientes de ajo machacados
6 ramitas de tomillo, solo las hojas
200 ml de crème fraîche o nata espesa
350 g de paccheri
85 g de queso parmesano (parmigiano reggiano) rallado, y un poco más para espolvorear

POLLO A LA MILANESA

4 pechugas de pollo finas o escalopes sin piel
1 huevo
harina, para espolvorear
40 g de pan rallado
25 g de queso parmesano (parmigiano reggiano) rallado
5 cucharadas de aceite de oliva
sal y pimienta

O PRUEBA ASÍ

- Espolvorea perejil picado antes de servir.
- Usa tallarines (ver pág. 48) o pappardelle (ver pág. 92) en vez de paccheri.

1 Para preparar la salsa de setas, calienta a fuego vivo 1 cucharadita de aceite en una sartén. Echa las setas y saltéalas, removiendo de vez en cuando con una cuchara de madera, 4-5 minutos hasta que estén doradas. Retíralas con una espumadera y resérvalas.

2 Baja el fuego y añade la cucharadita de aceite restante. Agrega las chalotas y el ajo y sofríelos 4-5 minutos, removiendo de vez en cuando, hasta que se ablanden pero no tomen color.

3 Añade el tomillo y las setas salteadas. Vierte la *crème fraîche* o la nata. Cuécelo a fuego lento 2 minutos hasta que la salsa esté cremosa. Salpimienta al gusto. Retira del fuego y reserva.

4 Para preparar el pollo a la milanesa, coloca el pollo entre 2 hojas de film transparente y aplástalo con un mazo o un rodillo hasta que tenga un grosor de 6 mm.

5 Casca el huevo en un bol y bátelo con un tenedor. En otro bol, mezcla el pan rallado con el parmesano. Espolvorea ligeramente el pollo con harina por ambos lados y sumérgelo en el huevo batido. Rebózalo por ambos lados en el pan rallado y resérvalo.

6 Calienta a fuego medio-alto el aceite en una sartén. Cuando esté caliente, añade el pollo empanado y fríelo 3-4 minutos por cada lado hasta que esté dorado y crujiente. Retíralo con una espumadera y déjalo escurrir sobre papel de cocina.

7 Mientras, lleva a ebullición una cazuela con agua salada. Echa los *paccheri* y cuécelos según las instrucciones del paquete. Vierte uno o dos cucharones del agua de cocción de la pasta en un bol y resérvala. Coloca un escurridor en el fregadero y escurre la pasta.

8 Añade la pasta y el parmesano a la mezcla de setas. Remuévela y añade agua de la pasta reservada para diluir un poco la salsa.

9 Sirve la pasta en 4 platos, dispón el pollo a la milanesa encima y espolvorea el parmesano.

CAVATELLI

LA HISTORIA DE

LOS CAVATELLI

Esta pasta es perfecta para los espeleólogos, es decir, los exploradores de cuevas, porque *cavatelli* significa «huequecitos» en italiano. Estas «pequeñas cuevas de pasta» son muy populares en el sur de Italia.

Se cree que los *cavatelli* son una de las formas de pasta más antiguas. Se hacen presionando la masa con los tres dedos centrales para crear una hendidura. En la región de Molise, en cambio, se ahuecan con dos dedos. Y si se utiliza un solo dedo, se llaman *cecatelli*.

Antaño, hacer pasta era una habilidad tan importante que, según cuentan, las futuras suegras comprobaban las yemas de los dedos de las novias. Si se veían desgastadas, ¡sabían hacer *cavatelli*!

Los *cavatelli* se preparan con solo tres ingredientes: harina de sémola de trigo duro, agua templada y una pizca de sal. En Apulia utilizan *grano arso* (literalmente, «grano quemado»), una harina de trigo carbonizado que es casi negra y tiene sabor ahumado. Algunos incluso empleaban harina de bellotas o castañas.

Como ya hemos explicado, los nombres de las pastas cambian según la región y la ciudad. En Basilicata, por ejemplo, los *cavatelli* se llaman *orecchie di prete* («orejas de cura»). Esta es la lista de los nombres con los que los puedes llamar sin ofenderlos: *cavasuneddi, ferricieddi, frizzuli, gnocchitti, manatelli, miniucchi, minchjaleddi, pincinelle, pizzicarieddi, rascatielli, trucchetti* y *zinnezinne*.

Si estuvieras haciendo espeleología y te encontraras con unos *cavatelli*, ¿los dejarías ahí o te los meterías en la mochila para preparar un delicioso plato de pasta?

CAVATELLI CON POLLO Y QUESO AZUL AL HORNO

BASTANTE FÁCIL	4 PERSONAS	PREPARACIÓN: 10 MIN	COCCIÓN: 45 MIN

Una pasta al horno con estos «huequecitos» es perfecta para tomar a la hora de la cena cuando hace frío, pero también en verano si se sirve con una ensalada. Si no te gusta el queso azul, utiliza en su lugar un queso fuerte, como cheddar o parmesano.

300 g de filetes de pechuga de pollo sin piel en tiras
240 ml de caldo de pollo
240 ml de leche
225 g de cavatelli
2 puerros grandes, limpios, lavados y en rodajas gruesas
2 cucharadas de mantequilla
30 g de harina
3-4 cucharadas de crème fraîche o nata espesa
100 g de queso azul, como gorgonzola o roquefort, desmenuzado
3 cucharadas de queso cheddar o emmental rallado
3 cucharadas de panko o pan rallado
sal y pimienta

O PRUEBA ASÍ

- En vez de cavatelli, utiliza cualquier tipo de pasta pequeña, como orecchiette (ver pág. 68) o cavatappi (ver pág. 56).
- Dale un toque diferente a la salsa y añádele un poco de mostaza de Dijon.

1 En una cazuela, mezcla las tiras de pollo, el caldo de pollo y la leche. Llévalo a ebullición a fuego medio, reduce el fuego a medio-bajo y cuécelo a fuego lento 5-10 minutos hasta que el pollo esté bien hecho.

2 Retira el pollo con una espumadera y resérvalo. Vierte el líquido en una jarra.

3 Mientras, lleva a ebullición una cazuela con agua salada. Echa los *cavatelli* y cuécelos según las instrucciones del paquete, pero 4 minutos antes de que finalice el tiempo de cocción indicado añade los puerros y cuécelos con la pasta hasta que estén hechos. Coloca un escurridor en el fregadero y vierte la pasta y los puerros para escurrirlos. Resérvalos.

4 Precalienta el horno a 100 °C.

5 Derrite a fuego lento la mantequilla en una sartén. Incorpora la harina con una cuchara de madera hasta obtener una pasta blanda (llamada *roux*). Cuécela 2 minutos, removiendo para que no se dore. Añade el líquido de cocer el pollo poco a poco, batiendo hasta que hayas añadido todo el líquido y la salsa tenga una textura homogénea.

6 Sube el fuego a medio y cuece la salsa 5 minutos, sin dejar de remover, hasta que espese y cubra el dorso de la cuchara.

7 Incorpora la *crème fraîche* o la nata. Añade el queso azul y remueve bien. Agrega el pollo, los *cavatelli* y los puerros. Salpimienta al gusto.

8 Vierte la mezcla en una bandeja de horno y esparce el queso rallado y el pan rallado por encima. Hornéalo 20-25 minutos hasta que el queso se derrita y la superficie esté dorada y crujiente. Sírvelo bien caliente.

DISCHI VOLANTI

LA HISTORIA DE

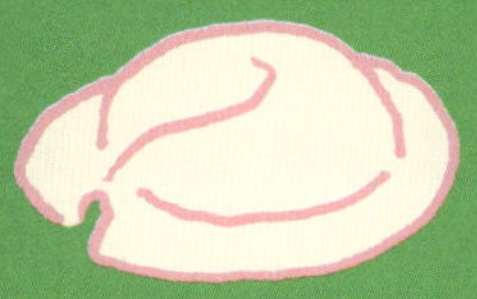

LOS DISCHI VOLANTI

Estás pilotando una misión a Marte. Aterrizas en el planeta rojo y te sientas a cenar con tus anfitriones. ¿Qué te sirven? *Dischi volanti* con forma de platillo volante, ¡por supuesto!

Dischi volanti significa «platillo volante», que es como se llama también a los ovnis. Algunos dicen que esta pasta se creó en las décadas de 1940 y 1950, cuando se avistaron los primeros ovnis en Estados Unidos. Pero los italianos afirman que tiene su origen en algo que pasó exactamente el 27 de octubre de 1954.

Aquel día, el equipo local de fútbol florentino jugaba contra sus rivales de Pistoia. Justo después del descanso, los espectadores empezaron a mirar al cielo. El partido se detuvo. ¡Una especie de platillos volantes sobrevolaban el estadio! Inspirado por este suceso, Garibaldo Ricciarelli, de Pistoia, diseñó un molde de bronce para hacer *dischi volanti* en 1955. Una empresa de pasta, Pastificio Fabbri, utiliza desde entonces uno de esos moldes para hacer esta pasta.

También se los conoce como *cappelletti* («sombreritos»), aunque ya existe, para mayor confusión, otra pasta con ese nombre que se rellena con carne o verduras, a diferencia de los *dischi volanti*, que no se rellenan (quizá porque los marcianos han salido de las naves en busca de combustible). Y también se les llama a veces *bonetti* («bonetes») o *messicani*, por su parecido con los sombreros mexicanos de paja de ala ancha.

Se llamen como se llamen, ¡vivan las invasiones de platillos volantes de pasta!

DISCHI VOLANTI CON CALABAZA ASADA, GUINDILLA Y SALVIA

BASTANTE FÁCIL	4 PERSONAS	PREPARACIÓN: 10 MIN	COCCIÓN: 30-35 MIN

¡Este plato (¿o platillo?) es de otro mundo! El queso de cabra se funde con la mantequilla en una maravillosa salsa cremosa, mientras que la calabaza aporta color y dulzor. Si te gusta el picante, añade un poco de guindilla molida, ¡pero ten cerca un vaso de agua fría!

800 g de calabaza pelada despepitada y en dados
3 dientes de ajo sin pelar
aceite de oliva, para rociar
1 pizca de guindilla molida (opcional)
sal y pimienta
400 g de dischi volanti
50 g de mantequilla
1 puñado pequeño de hojas de salvia picadas gruesas
115 g de queso de cabra blando
2 cucharadas de crème fraîche o nata espesa
50 g de piñones tostados

NOTA

- Para una versión vegana, utiliza mantequilla vegana y «queso» blando y «nata» vegetales.

O PRUEBA ASÍ

- Utiliza espirales (ver pág. 36), plumas (ver pág. 28) o cualquier tipo de pasta pequeña.

1 Precalienta el horno a 200 °C. Forra una bandeja de horno con papel vegetal.

2 Coloca la calabaza y el ajo en una sola capa. Rocía con aceite de oliva, esparce la guindilla molida (si utilizas) por encima y salpimienta. Hornea durante 25-30 minutos hasta que la calabaza esté hecha.

3 Mientras, lleva a ebullición una cazuela con agua salada. Echa los *dischi volanti* y cuécelos según las instrucciones del paquete. Coloca un escurridor en el fregadero y escurre la pasta.

4 Retira la fuente del horno, aplasta ligeramente los dados de calabaza con un tenedor o un pasapurés y presiona con cuidado el ajo para retirar la piel.

5 Derrite a fuego medio la mantequilla en una sartén hasta que burbujee. Añade las hojas de salvia, de pocas en pocas. Fríelas unos segundos hasta que estén crujientes pero verdes. Retíralas con una espumadera y escúrrelas sobre papel de cocina.

6 Añade el queso de cabra y la *crème fraîche* o la nata y remueve bien con una cuchara (ver consejo). Agrega la calabaza machacada y el ajo. Añade la pasta y los piñones y remueve bien hasta que todo quede cubierto por la salsa cremosa de calabaza.

7 Repártela en 4 boles y nápala con las hojas de salvia crujientes. Sírvela de inmediato.

CONSEJO

Para que la salsa esté más gustosa, añade un poco de pasta de tomate o puré de tomate en conserva con el queso de cabra.

CANELONES

LA HISTORIA DE

LOS CANELONES

El nombre comparte su origen con canal, canalón, caña y cañón, que significan «tubo» o «conducto». La mayoría de las veces, estos tubos de pasta se rellenan con carne y queso, se cubren con salsa de tomate y se hornean. A diferencia del resto de tubos, ¡saben de maravilla!

Seguro que no sabías que esta pasta se conoce también como *manicotti*, que significa «manguitos» (parecido a los *mezze maniche*, que significan «media manga», ¿recuerdas? Si no es así, ve a la página 104), y son la versión italoamericana de los canelones. La principal diferencia es que los *manicotti* suelen ser rayados y más gruesos.

El origen de los canelones es muy divertido. (Y como la mayoría de las historias de este libro, nadie sabe si es cierta o no.) A principios del siglo XX, había dos hoteles en Amalfi, en dos antiguos monasterios reconvertidos. Uno se llamaba Hotel Luna (que aún existe) y el otro Hotel Cappuccini (el actual Gran Hotel Convento).

Uno pertenecía a la familia Barbaro y el otro a los Vozzi. Ambos acordaron que, cuando la cocina de un hotel creara un plato nuevo, el otro lo probaría primero.

Al chef del Cappuccini se le ocurrió una elaboración que llamó *cannelloni*. Al dueño del Hotel Luna le gustó tanto que ordenó que tocaran las campanas de la iglesia del convento para celebrar la llegada del nuevo plato. De repente, todas las campanas de Amalfi repicaron en señal de júbilo.

Prepárate para rellenar tus tubos de pasta... ¡y dar la campanada!

CANELONES RELLENOS

BASTANTE FÁCIL	4 PERSONAS	PREPARACIÓN: 25 MIN	COCCIÓN: 50-55 MIN

Estos canelones vegetarianos, tan coloridos y vistosos, son un poco largos de preparar, pero no difíciles. ¡Venga! ¿Te atreves?

SALSA DE TOMATE
3 cucharadas de aceite de oliva
1 cebolla grande picada fina
3 dientes de ajo machacados
800 g de tomate triturado en conserva
2 cucharaditas de pasta de tomate
1 cucharadita de azúcar
1 pizca de vinagre balsámico
sal y pimienta

RELLENO
450 g de hojas de espinaca lavadas y sin los tallos
30 g de queso parmesano (parmigiano reggiano) rallado
250 g de queso ricotta
1 pizca de nuez moscada recién rallada
1 yema de huevo
sal y pimienta

PASTA
250 g de canelones en tubo
aceite de oliva, para engrasar
85 ml de crème fraîche o nata espesa
50 g de queso parmesano (parmigiano reggiano) rallado
hojas de albahaca, para servir (opcional)

NOTA
- Para una versión vegana, se puede sustituir la ricotta y el parmesano por quesos veganos. Y la crème fraîche por nata de coco.

1. Precalienta el horno a 200 °C. Engrasa ligeramente una bandeja de horno poco profunda y resérvala.

2. Para preparar la salsa de tomate, calienta a fuego medio-bajo el aceite en una sartén. Echa la cebolla y el ajo y sofríelos, removiendo de vez en cuando con una cuchara de madera, 6-8 minutos hasta que estén blandos y translúcidos.

3. Añade los tomates, la pasta de tomate y el azúcar y llévalo a ebullición. Baja el fuego a medio-bajo y cuécelo a fuego lento 10 minutos o hasta que la salsa se reduzca y espese. Añade el vinagre balsámico y salpimienta al gusto.

4. Mientras, prepara el relleno. Pon las espinacas en un escurridor y colócalo en el fregadero. Pide a un adulto que vierta agua hirviendo por encima hasta que las hojas se marchiten y adquieran un color verde brillante. Presiona con cuidado las espinacas con un plato pequeño para extraer todo el jugo.

5. Pon las espinacas en una tabla de cortar y pícalas finas. Échalas en un bol junto con el parmesano, la ricotta, la nuez moscada y la yema de huevo y mézclalo todo con una cuchara. Salpimienta.

6. Con una cucharilla, rellena los canelones con la mezcla, presionándola hacia abajo con el mango, y colócalos en la fuente engrasada.

7. Cuando la salsa de tomate esté lista, viértela con una cuchara sobre los canelones. Añade pequeñas cucharadas de *crème fraîche* o nata y esparce parmesano rallado por encima.

8. Hornéalos 30-35 minutos o hasta que el queso se derrita y la superficie se dore. Esparce albahaca por encima (si utilizas) y sírvelos.

LINGUINE

LA HISTORIA DE

LOS LINGUINE

¿Qué es largo, plano y resbaladizo y se encuentra en la boca? ¡La lengua! Y, con un poco de suerte, quizá también, a la hora de comer, estas tiras de pasta en forma de lengua. ¡Los *linguine*!

Los *linguine* son uno de los tipos de pasta más famosos. Se parecen a los *bavette* y los *trenette,* todos ellos típicos de Génova, en Liguria. Las salsas más habituales para este tipo de pasta son el pesto y la salsa de marisco. Imagínate hacer un monstruo de Frankenstein con pasta... Podrías probar con *gomiti* («codos», pág. 44), *capellini* («fideos cabellín»), *orechiette* («orejitas», pág. 68), *occhi di passero* («ojos de gorrión»)... ¡y «lenguas» de *linguine*!

Aunque los *linguine, trenette* y *bavette* son muy parecidos, hay ligeras diferencias entre ellos. Los primeros son como espaguetis aplastados. Los segundos (en genovés, *trena* significa «cuerda») son un poco más gruesos que los *linguine*. Los terceros son rectangulares y tienen forma de cuchara.

También existen en diferentes grosores. Los más finos se llaman *linguine fini* (intenta decirlo rápido tres veces sin equivocarte).

Se cree que los *linguine* aparecieron por primera vez en el siglo XVIII, servidos con pesto, judías verdes y patatas, una receta que sigue siendo habitual en Liguria hoy.

También hay especialidades regionales con marisco, como los *linguine al batti batti* (conocidos como «cigarras de mar» o «langostas de arena»), con anchoas y piñones, y a la ligurina, con anchoas y albahaca. (Las pastas planas funcionan muy bien con cualquier salsa, ya que absorben más salsa.)

¡Relámete (con la lengua de verdad, no con la de pasta) y prepárate para una sorprendente receta de *linguine*!

LINGUINE A LA MARINERA CON MEJILLONES

BASTANTE FÁCIL	4 PERSONAS	PREPARACIÓN: 15 MIN	COCCIÓN: 20-25 MIN

La salsa marinera es muy sencilla, pero combina de maravilla con los *linguine*. Lo más importante es usar ingredientes de calidad: compra el mejor tomate en conserva que puedas encontrar, preferiblemente San Marzano, muy dulce y con un sabor delicioso.

SALSA MARINERA

4 cucharadas de aceite de oliva
5 dientes de ajo machacados
800 g de tomate entero o triturado en conserva
1 pizca de copos de guindilla
1 pizca de orégano seco
½ cucharadita de sal
pimienta

PASTA

900 g de mejillones frescos, con las valvas limpias (ver nota)
400 g de linguine
1 puñado de hojas de albahaca, para servir

NOTA

- Limpiar mejillones es fácil cuando sabes cómo hacerlo: Vierte los mejillones en un bol y cúbrelos con agua fría. Desecha los que tengan las valvas agrietadas o estén abiertos y no se cierren. No intentes forzarlos. Frota las valvas con un cepillo y arranca las «barbas». Los mejillones ya están listos para usar.

O PRUEBA ASÍ

- Añade una pizca de azúcar si la salsa no está suficientemente dulce.
- Utiliza mejillones en conserva o congelados si no tienes frescos.
- Cambia los linguine por otra pasta de fideos largos, como espaguetis (ver pág. 88), tallarines (ver pág. 48) o fettuccine.

1 Calienta a fuego medio el aceite de oliva en una sartén. Echa el ajo y sofríelo, removiendo con una cuchara de madera para que no tome color, 1-2 minutos. Añade los tomates junto con una de las latas llena de agua. Aplástalos bien con la cuchara o con una espátula de silicona. Incorpora la guindilla, el orégano, la sal y la pimienta.

2 Baja el fuego y cuece la salsa a fuego lento 15-20 minutos, hasta que espese y se reduzca. Si hierve demasiado rápido, baja el fuego al mínimo.

3 Cuando la salsa esté casi hecha, añade los mejillones. Cúbrelos con una tapa hermética y cuécelos 3-4 minutos hasta que se abran. Retira y desecha los que permanezcan cerrados. Sazona al gusto.

4 Mientras, lleva a ebullición una cazuela con agua salada. Echa los *linguine* y cuécelos según las instrucciones del paquete. Coloca un escurridor en el fregadero y vierte la pasta para escurrirla.

5 Añade los *linguine* a la salsa con los mejillones y mézclalo todo bien con una cuchara.

6 Sírvelos en 4 boles con unas hojas de albahaca por encima.

ANELLETTI

LA HISTORIA DE

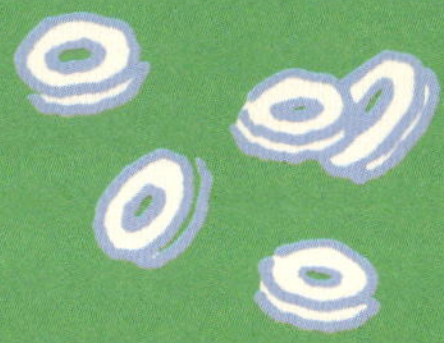

LOS ANELLETTI

Anelletti significa «anillos pequeños» en italiano. Piensa en todas las cosas que podría ser esta pasta en forma de «o»: una de las piezas del tres en raya, un servilletero para tus muñecos, una anilla para jugar con tu hámster… y, por supuesto, ¡un plato de pasta!

¿Sabías que se pueden comprar *anelleti* con salsa de tomate de lata en algunos países? Cuando se crearon, se anunciaban como «los espaguetis que se pueden comer con cuchara» o «¡el mejor invento desde la servilleta!», porque eran más fáciles de comer que otros tipos de pasta. (Pero ¿desde cuándo es un problema mancharse la cara de tomate?)

La pasta en forma de aro existe desde la Edad Media, posiblemente inspirada en los pendientes de aro que lucían las mujeres árabes en Sicilia. En aquella época, Sicilia era un influyente centro político y cultural islámico, y los árabes habían construido allí molinos. Los *anelloni d'Africa* (recuerda, *-etti* al final de una palabra significa «pequeño» y *-oni* «grande») podrían ser una réplica de los pendientes que llevaban las mujeres africanas que los militares italianos conocieron durante la Primera Guerra Mundial.

En Sicilia, con los *anelleti* se prepara el famoso *timballo* (literalmente, «tambor») siciliano: una masa parecida a la del pan rellena de *anelleti*, carne, queso y verduras, que puede ser tan grande como un tambor. Se suele tomar a temperatura ambiente y a la orilla del mar. De hecho, en Siracusa, Sicilia, también se llama *pasta ro bagnu*, que significa «pasta para la playa».

Antes de empezar a comer, tienes tiempo para lanzarle una última vez las anillas a tu hámster. Pero ¡cuidado! ¡Asegúrate de que no se las coma!

TIMBAL SICILIANO DE ANELLETTI

DIFÍCIL	4 PERSONAS	PREPARACIÓN: 20 MIN	COCCIÓN: 40 MIN

Este veraniego «pastel» de berenjena es un poco complicado de montar, pero merece la pena. En el sur de Italia, las berenjenas se suelen rellenar de pasta o arroz, lo que las hace perfectas para esta pasta en forma de «o».

2 berenjenas grandes cortadas en rodajas finas a lo largo
aceite de oliva, para engrasar
250 g de anelletti
½ ración de salsa de tomate (ver pág. 134)
200 g de mozzarella en dados
100 g de queso parmesano (parmigiano reggiano) rallado
1 puñado de hojas de albahaca picadas
sal y pimienta
ensalada, para servir

O PRUEBA ASÍ

- Utiliza una salsa ragú de carne picada en vez de salsa de tomate.
- Utiliza queso pecorino o grana padano en vez de parmesano.
- En vez de anelletti, prueba a utilizar rigatoni (ver pág. 20), ziti (ver pág. 76) o ditalini (ver pág. 112) cocidos.

1 Precalienta el gratinador a fuego vivo. Unta ligeramente las rodajas de berenjena por cada lado con aceite y colócalas en una bandeja de horno forrada con papel de aluminio. Ásalas 2-3 minutos por cada lado, hasta que estén hechas y doradas. (Si lo prefieres, fríelas por tandas en una sartén grill a fuego medio.) Forra unos platos con papel de cocina. Con unas pinzas, coloca la berenjena en los platos para que escurran. Resérvalas.

2 Precalienta el horno a 190 °C. Engrasa ligeramente un molde hondo de 20 cm o una bandeja de horno.

3 Lleva a ebullición una cazuela con agua salada. Echa los *anelletti* y cuécelos según las instrucciones del paquete. Coloca un escurridor en el fregadero y vierte la pasta para escurrirla.

4 Coloca de nuevo la pasta en la cazuela. Añade la salsa de tomate, la mozzarella, la mayor parte del queso rallado y la albahaca. Remueve bien con una cuchara de madera para conseguir una mezcla homogénea. Salpimienta al gusto.

5 Forra el fondo y los lados del molde o de la bandeja de horno engrasados con las rodajas de berenjena. Asegúrate de que se solapan para que no queden huecos y deja que sobresalgan por encima del borde del molde o de la bandeja. Rellena con la mezcla de pasta y cubre la parte superior con las rodajas de berenjena que sobresalen para envolver la pasta por completo. Esparce el queso restante por encima.

6 Hornéalo 30 minutos o hasta que se dore. Retíralo con cuidado y resérvalo hasta que se enfríe un poco.

7 Si utilizas un molde desmontable, dale la vuelta sobre un plato y desmóldalo antes de servir. Si utilizas una bandeja, pasa el timbal a una fuente o sírvelo directamente en la bandeja. Córtalo en porciones y sírvelo con una ensalada.

CARAMELLE

LA HISTORIA DE

LOS CARAMELLE

Si tus padres te dicen que te tomes los caramelos de primero, quizá sea porque tengas… ¡pasta de caramelos!

No hace falta que te diga que la pasta es divertida. ¿Por qué si no estarías leyendo este libro? Pero si hay una pasta diseñada de verdad para ser divertida, es esta. *Caramelle* significa «caramelos» en italiano, ¿y qué puede haber más divertido que un tipo de pasta que parece un caramelo relleno de todo lo que te puedas imaginar?

Estos paquetitos de pasta se pueden hacer de cualquier cosa: desde queso ricotta y limón hasta mozzarella o incluso boniato. Existen también caramelos a rayas, que mezclan dos colores diferentes de pasta. ¡Es como si te comieras un caramelo sin abrir! ¡Con el papel!

Aunque se trata de un tipo de pasta bastante reciente, nadie sabe a ciencia cierta de dónde procede (¡aparte de las tiendas de chuches, claro!). La mayoría cree que su origen está en el norte de Italia, y es que es muy típica de los restaurantes y tiendas de pasta de Parma (como el queso parmesano) y Módena (como el vinagre balsámico) durante la Semana Santa.

Según el folclore italiano, la víspera del día de Reyes (el 5 de enero), una anciana montada en una escoba, apodada La Befana, recorría el país para repartir caramelos a los niños buenos y carbón a los malos (una mezcla de Papá Noel y bruja de Halloween). Con el tiempo, los *caramelle* se convirtieron en la pasta típica de ese día.

Otra característica de los *caramelle* es que la pasta del centro es fina y la de las puntas retorcidas más gruesa, por lo que obtienes dos texturas diferentes en un solo bocado. Como tienen un aspecto tan divertido y festivo, se suelen preparar para las fiestas y los cumpleaños. ¡Pero cualquier día es bueno para comerlos!

Así que no te prives de los caramelos… ¡ni durante la comida ni después!

CARAMELLE CON SALSA DE LIMÓN

DIFÍCIL	4 PERSONAS	PREPARACIÓN: 45-50 MIN + HACER LA PASTA	COCCIÓN: 10-15 MIN

Esta pasta es un poco difícil de hacer pero estamos seguros de que te encantará. Además, se puede rellenar de casi todo, ¡incluso dulce! Aquí la servimos con una salsa de mantequilla y limón, pero puedes sustituirla por una salsa de tomate o incluso pesto, lo que prefieras.

RELLENO
300 g de hojas de espinaca lavadas y sin los tallos
250 g de queso ricotta
1 cucharada de queso parmesano (parmigiano reggiano) rallado
1 yema de huevo batida
¼ de cucharadita de nuez moscada molida o rallada
sal y pimienta

PASTA
harina 00 o harina común, para espolvorear
400 g de masa de pasta casera (ver págs. 14-15)
perejil picado, para esparcir

SALSA DE LIMÓN
50 g de mantequilla en dados
1-2 dientes de ajo machacados
el zumo de 1 limón pequeño
sal y pimienta

NOTA
- La pasta se seca bastante rápido, así que envuelve las bolas que no utilices en film transparente o cúbrelas con un paño de cocina mientras trabajas.

1 Para preparar el relleno, forra una bandeja de horno con papel vegetal.

2 Pon las espinacas en un escurridor y colócalo en el fregadero. Pide a un adulto que vierta agua hirviendo por encima hasta que las hojas se marchiten y adquieran un color verde brillante. Presiónalas con un plato para eliminar toda el agua.

3 Pon las espinacas en una tabla de cortar y pícalas muy finas. Pásalas a un bol y añade el requesón, el parmesano, la yema de huevo y la nuez moscada. Salpimienta. Remueve bien con una cuchara hasta obtener una mezcla homogénea.

4 Para preparar la pasta, espolvorea una encimera con harina y desenvuelve una de las bolas de masa. Extiéndela con un rodillo (ver págs. 14-15) hasta formar un rectángulo de unos 1,5 cm de grosor. Córtalo en rectángulos de 5 x 2,5 cm con un cuchillo o un cortador de pasta.

5 Pon una cucharadita del relleno en el centro de cada rectángulo y dobla un lado largo de la masa por encima. Dobla el otro lado largo, de modo que el relleno quede cubierto. Presiona los bordes para sellarlos y pellizca con los dedos para darles forma de caramelo envuelto. Colócalos en la bandeja y cúbrelos con un paño. Repite la operación con la masa y el relleno restantes.

6 Mientras, lleva a ebullición una cazuela con agua salada.

7 Añade unos cuantos *caramelle* al agua hirviendo, sin llenar demasiado la cazuela, y cuécelos 2-3 minutos hasta que suban a la superficie. Retíralos con una espumadera. Repite la operación con los *caramelle* restantes.

8 Para preparar la salsa de limón, derrite a fuego lento la mantequilla en una sartén. Echa el ajo y sofríelo 1-2 minutos. Apaga el fuego y añade el zumo de limón. Salpimienta al gusto.

9 Sirve los *caramelle* en boles y vierte la salsa de limón por encima.

LASAŃA

LA HISTORIA DE

LA LASAÑA

¿De dónde viene el nombre de lasaña? Primera hipótesis: del griego *lasanon,* que significa «olla con pies». Segunda: del griego *laganon,* una lámina de masa ancha y plana cortada en tiras.

La primera lasaña apareció en Nápoles durante la Edad Media, en un libro de cocina del siglo XIV que presentaba un plato elaborado con capas de pasta. Las capas se hornean, generalmente, con salsa, queso y carne. Las láminas de pasta se pueden enrollar en forma de *manicotti* o canelones (ver pág. 132), aunque lo más habitual es superponerlas en varias capas. Entre las láminas se suele añadir carne picada (de cerdo o de ternera), queso ricotta (parecido al requesón, pero más suave), salsa de tomate y, a veces, salsa besamel (una salsa deliciosa a base de leche, harina y mantequilla). Esta mezcla hace que las capas de pasta se peguen.

Se espolvorea un poco de queso por encima, mozzarella o parmesano, normalmente, y se introduce en el horno para que se dore y quede crujiente. De hecho, el chef Massimo Bottura tiene un plato en su famoso restaurante, Osteria Francescana, en Módena, Italia (¡nombrado dos veces el mejor restaurante del mundo!), llamado «La parte crujiente de la lasaña». De pequeños, su hermano y él se peleaban por las esquinas crujientes de la lasaña que preparaba su madre, así que ahora solo la hace con la mejor parte: ¡las esquinas crujientes!

Además de la lasaña amarilla habitual, las hay rojas y verdes, como los colores de la bandera italiana. El amarillo, el color natural de la pasta, sustituye al blanco; el rojo es el resultado de colorear la pasta con tomate o remolacha y el verde, con espinacas.

Con o sin pies, ¡lo principal es que haya dentro lasaña para todos!

LASAÑA AL HORNO

DIFÍCIL	6-8 PERSONAS	PREPARACIÓN: 25 MIN	COCCIÓN: 3½-4½ H

Hacer lasaña es tan divertido que merece la pena el tiempo y el trabajo.

SALSA BOLOÑESA
3 cucharadas de aceite de oliva
1 cebolla grande picada fina
3 dientes de ajo machacados
3 tallos de apio picados
3 zanahorias picadas
500 g de ternera picada
240 ml de leche entera
1 pizca de nuez moscada recién rallada
240 ml de vino blanco seco
800 g de tomate triturado en conserva
sal y pimienta

SALSA BESAMEL
100 g de mantequilla
100 g de harina
900 ml de leche
1 pizca grande de nuez moscada recién rallada
sal y pimienta

LASAÑA
2 cucharadas de mantequilla, para engrasar y cortar en dados
15 láminas de lasaña precocidas
100 g de queso parmesano (parmigiano reggiano) rallado
ensalada verde, para servir

O PRUEBA ASÍ
- Utiliza caldo de carne en vez de vino.

1 Para preparar la salsa boloñesa, calienta a fuego medio el aceite en una sartén. Echa la cebolla y sofríela, removiendo de vez en cuando con una cuchara de madera, 5 minutos hasta que se ablande pero no se dore. Añade el ajo, el apio y las zanahorias y sofríelos 5 minutos.

2 Agrega la ternera y sofríela 5 minutos, removiendo de vez en cuando, hasta que se dore. Vierte la leche y cuécela 3-5 minutos hasta que el líquido se evapore.

3 Añade la nuez moscada y salpimienta. Vierte el vino y cuece hasta que se evapore. Agrega el tomate. Baja el fuego al mínimo. Cuécelo 2½-3 horas, destapado, controlándolo de vez en cuando. Si la salsa se seca o se pega a la sartén, añade un poco de agua. Deberías obtener una salsa espesa y de color intenso.

4 Mientras, prepara la salsa besamel. Derrite a fuego lento la mantequilla en una sartén. Incorpora la harina con una cuchara de madera hasta obtener una pasta blanda (llamada *roux*). Cuécela 2 minutos, removiendo para que no se dore. Añade la leche poco a poco, batiendo entre cada adición, hasta que la salsa esté homogénea. Cuécela 5 minutos, sin dejar de remover, hasta que espese y cubra el dorso de la cuchara. Añade la nuez moscada rallada y salpimienta al gusto.

5 Precalienta el horno a 200 °C.

6 Unta con la mantequilla una bandeja de horno y forra el fondo con un tercio de las láminas de lasaña (sin superponerlas). Cúbrelas con una capa fina de besamel, esparce un poco de parmesano y la mitad de la boloñesa con una cuchara. Repite con otra capa de pasta, besamel, parmesano y la salsa restante.

7 Cubre con las láminas de pasta restantes y vierte por encima la besamel restante. Esparce el parmesano restante por encima y añade los dados de mantequilla.

8 Hornea 40 minutos o hasta que el queso se haya derretido y la superficie esté dorada. Retírala del horno (pide ayuda a un adulto) y déjala reposar 10 minutos.

9 Córtala en tiras o cuadrados y sírvela con una ensalada crujiente.

RAVIOLIS

LA HISTORIA DE LOS RAVIOLIS

Imagina una familia de personitas de pasta. Dormirían bajo sábanas de lasaña y apoyarían la cabeza sobre almohadas de ravioli. Al mirar por la ventana, verían una luna de ravioli brillando en el cielo nocturno.

Originalmente, los raviolis eran un plato especial que solo se servía a la realeza. Por supuesto, ahora todos podemos comer raviolis. Suelen tener forma cuadrada, redonda o de media luna. Recién hechos saben mejor, pero puedes comprarlos ya preparados en el supermercado.

Si has probado alguna vez la sopa china de *wonton*, los *kreplach* judíos o las *maultaschen* alemanas, ya conoces a los primos de los raviolis. La gastronomía de muchas culturas cuenta con deliciosas masas de pasta rellenas de carne, queso o verduras. Incluso Italia tiene otras, como los *tortellini* (ver pág. 52), los *caramelle* (ver pág. 144) y los *mezzelune* («medias lunas»).

La pasta rellena se remonta a la época romana, pero la primera referencia escrita sobre los raviolis data del siglo XII. Servidos tradicionalmente con *brodo* («caldo»), empezaron a tomarse con salsa de tomate en el siglo XVI, cuando los tomates llegaron a Italia.

Algunos piensan que deben su nombre a Ravioli, un chef genovés del siglo XIII que supuestamente los inventó. Otros a *rabiole*, que significa «algo de poco valor» en el dialecto de los marineros genoveses, que guardaban las sobras entre dos cuadrados de pasta. En italiano, *riavvolgere* significa «envolver» y *rava* «nabos», así que ravioli sería «nabos pequeños». En latín, *rapa* significa «hortaliza de raíz» y las *rabbiola* eran unas albóndigas medievales de requesón y verduras envueltas en hojas de nabo.

En fin, no dejes que el misterio de su nombre te quite el sueño. Vengan de donde vengan y signifiquen lo que signifiquen, los raviolis son muy chachis.

RAVIOLIS CASEROS

DIFÍCIL	4 PERSONAS	PREPARACIÓN: 45-50 MIN + HACER LA PASTA	COCCIÓN: 10-15 MIN

Los raviolis caseros están buenísimos y es superdivertido hacerlos. Se suelen preparar a mano, pero también puedes utilizar una máquina de pasta o un robot de cocina. Aquí los servimos con mantequilla derretida y parmesano, pero el pesto también les va bien.

RELLENO
300 g de queso ricotta
30 g de queso parmesano (parmigiano reggiano) rallado
1 yema de huevo batida
1 puñado de perejil picado fino
1 pizca de nuez moscada rallada o molida
la ralladura de ½ limón
sal y pimienta

PASTA
harina 00 o harina común, para espolvorear
400 g de masa de pasta casera (ver págs. 14-15)
mantequilla derretida, para servir
queso parmesano (parmigiano reggiano) rallado, para espolvorear
ensalada crujiente, para servir

NOTA
- Puedes hacer raviolis redondos con un cortador circular.

O PRUEBA ASÍ
- Añade al relleno unas hojas de albahaca picadas o una pizca de copos de guindilla.
- Utiliza un relleno de espinacas con requesón (ver pág. 146).

1 Forra una bandeja de horno con papel vegetal.

2 Para preparar el relleno, pon todos los ingredientes en un bol y remueve bien con una cuchara de madera. Salpimienta al gusto. Cúbrelo con film transparente y resérvalo en el frigorífico hasta que lo vayas a utilizar.

3 Enharina ligeramente una encimera y desenvuelve una de las bolas de masa. Extiéndela con el rodillo (ver pág. 14) hasta formar un rectángulo grande de unos 3 mm de grosor o extiéndela lo más fina posible. Corta la lámina por la mitad para tener 2 láminas del mismo tamaño.

4 Coloca cucharaditas colmadas del relleno separadas 5 cm en hileras a lo largo de una de las láminas. Humedece un pincel de repostería en agua y pásalo alrededor del relleno. Cúbrelo con la otra lámina. Con el lateral de la mano, presiona suavemente alrededor del relleno para cerrarlo y expulsar el aire.

5 Con un cortador de pasta, corta líneas rectas a través de las láminas de pasta entre los rellenos para hacer cuadrados o rectángulos. Colócalos en la bandeja de horno y cúbrelos con un paño. Repite la operación con la masa y el relleno restantes.

6 Mientras, lleva a ebullición una cazuela con agua salada. Echa unos cuantos raviolis (no llenes demasiado la cazuela) y cuécelos 2-3 minutos hasta que suban a la superficie y estén *al dente* (cocidos pero firmes). Con una espumadera, pasa los raviolis a una fuente y cúbrelos con un paño de cocina para mantenerlos calientes. Repite la operación con los raviolis restantes.

7 Mezcla bien los raviolis con un poco de mantequilla derretida y repártelos en 4 boles. Esparce parmesano por encima y sírvelos con una ensalada crujiente.

¡Y ESTO ES TODO, AMIGOS! (O UNA PARTE)

¡Quizá creas que, después de leer este libro, ya lo sabes TODO sobre la pasta! Se comen tantos tipos de pasta en todo el mundo que es sorprendente lo poco que sabemos sobre sus orígenes. Hasta que llegaron las grandes marcas e industrializaron el proceso, la pasta se hacía en casa con lo que se tenía a mano, en función de los gustos de la gente... ¡y de la habilidad de sus manos!

Del mismo modo que no sabemos realmente a quién se le ocurrieron las canciones para saltar a la comba, nadie sabe exactamente cómo surgieron algunas formas de pasta. Unos niños inventaron una rima y la compartieron en la escuela con otros niños, que la compartieron a su vez con otros niños más. ¡Hoy puede que estés saltando a la cuerda con una canción que se les ocurrió a unos niños hace 10, 50 o incluso 100 años! Del mismo modo, las recetas de pasta que la gente preparaba en su casa se las enseñaron a sus hijos y amigos, que a su vez las compartieron con las personas de su entorno. ¡Y precisamente por eso podemos comer hoy en día *orecchiette* o *gomiti*!

Acabas de leer las curiosas (¡y divertidas!) historias de la pasta de este libro, descubrir el significado de sus nombres y aprender a cocinarlas. ¡Es tu turno! ¡Ahora te toca a ti crear historias! Quedan muchos tipos de pasta por descubrir y platos que preparar con ellas. ¡Prueba! ¡Inventa nuevas recetas! ¡O incluso un nuevo tipo de pasta!

Hagas lo que hagas, recuerda siempre, y sobre todo, ¡pasártelo bien!

ÍNDICE

Los números de página en *cursiva* hacen referencia a las fotografías

Q

R

S

T

U

V

Z

AGRADECIMIENTOS

Escribir e ilustrar un libro es como hacer un plato de pasta. En una receta, tienes que combinar muchos elementos: comprar todos los ingredientes y prepararlos de forma metódica y lógica. Del mismo modo, un libro debe combinar palabras, ideas, historias, chistes e ilustraciones para crear algo bello y armonioso.

En primer lugar, quiero dar las gracias a mi esposa, Nora, que adora Italia y la pasta, a mi hija, Ava, y a mi hijo, Jasper, por haber compartido tantos platos de pasta juntos. Han visto las ilustraciones y me han aconsejado y apoyado cuando he tenido que trabajar por la noche y los fines de semana en este libro.

He tenido el privilegio de trabajar con un equipo editorial fantástico: Maya Gartner, editora de libros infantiles de Phaidon, me animó no solo a ilustrar, sino a escribir este libro; Alice-May Bermingham (me gusta llamarla A-M), mi editora, me ayudó a que este libro pudiera quedar así de bien; y Meagan Bennett (cuyo nombre en clave es Meggs Benedict, un divertido juego de palabras con los *eggs Benedict,* los huevos Benedict en español). Lo primero que probablemente notaste cuando tuviste este libro entre las manos es lo bonito que es (antes incluso de que te fijaras en las ilustraciones). Se lo debemos a Meggs. Y, por supuesto, me gustaría agradecerle a Heather Thomas sus maravillosas recetas.

También quiero dar las gracias a mis amigos Barbara Gizzi y Marco Ghidelli, de Raum Italic, que publicaron *Farfalle, Lumache e Vermicelli* (que, a estas alturas, ya sabes de sobra que significa «Mariposas, caracoles y gusanitos»), un libro sobre el significado de los nombres de la pasta. Esa obra fue la base de algunas de las ideas visuales que hemos incluido aquí.

Siempre hay personas, entre bastidores, que hacen que un libro sea mejor. Entre ellas están, por ejemplo, aquellas a las que paré por la calle o en el metro para preguntarles si un dibujo se parecía realmente a una concha marina o más bien a una patata frita. O mi vieja amiga y experta en edición infantil, Edite Kroll, y sus sabios consejos. ¡Gracias, Edite! Muchas gracias igualmente a mi buena amiga Giordana Piccinini, que vive en Bolonia (uno de los epicentros del consumo de pasta), sabe más de cocina italiana que nadie y me ha proporcionado datos clave siempre que los he necesitado. Quiero expresar mi agradecimiento también a mi asistente de estudio, Miriam Spalinski, que siempre me ha ayudado, ¡incluso cuando ella estaba en Polonia de vacaciones y yo en Nueva York!

Agradezco asimismo a las siguientes fuentes la información contenida en este libro:

- chefsmandala.com
- *Especialidades de Italia,* de Claudia Piras
- *Encyclopedia of Pasta,* de Oretta Zanini De Vita
- *The Geometry of Pasta,* de Caz Hildebrand y Jacob Kenedy
- mentalfloss.com
- pastanostrausa.com
- the-pasta-project.com
- theconversation.com
- wchs.mcsed.net